CALLWEY

YVONNE BAUER

GUGELHUPF

Backen für die Seele

CALLWEY

INHALT

Frühling

Sommer

Herbst

Winter

VORWORT

WER KENNT IHN NICHT, DEN GUGELHUPF?

Den Klassiker unter den Kuchen.
Er ist durch seine geschwungene Form mit den Rillen und der kaminartigen Öffnung nicht nur hübsch anzuschauen, sondern darf seit Jahrzehnten auf keiner Kaffeetafel fehlen.

Doch der traditionelle Gugelhupf aus Hefeteig und Rosinen hat schon längst durch moderne Varianten aus Rührteig Verstärkung bekommen, denn mittlerweile meint man mit dem Wort Gugelhupf nicht mehr nur diesen Klassiker, sondern vielmehr die Form.

Ich möchte Sie nun mit 50 kreativen Rezepten für Gugelhupf durch das Jahr mitnehmen. Holen Sie sich die Momente des Glücks ins Haus, wenn es überall nach dem beliebten Backwerk duftet und Sie den Kuchen mit Gästen oder zu einer Tasse Kaffee genießen können.

Aber bevor es losgeht, möchte ich Ihnen zur Einführung ein ganz besonderes Rezept vorstellen, welches meine Oma immer für ihren Gugelhupf verwendet hat.

Ich wünsche Ihnen viel Spaß beim Nachbacken und gutes Gelingen!

Klassischer Gugelhupf

DU BRAUCHST …

100 g Rosinen

5 EL Rum

500 g Dinkelmehl Type 630

100 g Zucker

1 Päckchen Bourbon-Vanillezucker

230 ml Milch

25 g frische Hefe

½ Bio-Zitrone

150 g weiche Butter

1 Prise Meersalz

3 Eier, Größe M

Butter für die Form

1 EL ganze, abgezogene Mandeln

ZUM GARNIEREN

2–3 EL Puderzucker

FÜR DEN GUSS

125 g Puderzucker

2–3 EL frisch gepresster Zitronensaft

SO GEHT'S …

1. Die Rosinen in einer Schüssel mit dem Rum vermischen und mindestens vier Stunden stehen lassen, am besten über Nacht. Mehl in eine Schüssel sieben und mit Zucker und Vanillezucker vermischen. In die Mitte eine Mulde drücken. Die Milch in einem Topf lauwarm erwärmen, die Hefe hineinbröckeln und mit der Milch verrühren, bis sie sich aufgelöst hat. Hefemischung in die Mulde im Mehl gießen und mit einer Gabel etwas Mehl in die Hefemischung rühren. Schüssel mit einem Küchentuch abdecken und Vorteig 20 Minuten an einem warmen Ort gehen lassen.

2. Zitrone waschen, abtrocknen und die Schale fein abreiben. Zitronenabrieb, Butter, Salz und Eier zum Vorteig geben und alles mit einem Handrührgerät mindestens 5 Minuten lang gut verkneten. Den Teig nochmals abdecken und etwa 45 Minuten an einem warmen Ort gehen lassen, bis sich das Volumen etwa verdoppelt hat.

3. Den Backofen auf 180 °C Ober-/Unterhitze vorheizen. Die Rosinen zum Teig geben und alles noch mal kurz durchkneten. Eine Gugelhupf-Form mit Butter einfetten und mit Mandeln auslegen. Den Teig in die Form füllen und im Backofen ca. 40 Minuten backen. Sollte der Kuchen von oben her zu dunkel werden, mit etwas Backpapier abdecken.

4. Den Gugelhupf aus dem Ofen nehmen und 10–15 Minuten in der Form auskühlen lassen. Dann aus der Form lösen und auf einem Kuchengitter vollständig erkalten lassen. Mit Puderzucker bestreut servieren.

NÜTZLICHES UND ALLGEMEINES

Um den perfekten Gugelhupf zu backen, braucht es nicht viel. Doch einige hilfreiche Materialien, Zutaten und Handgriffe sind in diesem Kapitel zu finden.

Wichtige Küchenhelfer

- Küchenwaage – am besten geeignet ist eine digitale Waage zum exakten Abmessen
- Rührschüsseln
- Handrührgerät mit Rührbesen oder Küchenmaschine mit Rührfunktion
- Rührlöffel
- Teigschaber bzw. Spatel aus Silikon
- Sieb
- Kuchenpinsel
- Nudelholz
- Holzstäbchen
- Kuchengitter
- Kuchenplatte
- Esslöffel und Teelöffel
- Sparschäler
- Spritzbeutel mit Tüllen

Oma

Backzutaten

MEHL

Für fast alle Rezepte wurde Dinkelmehl Type 630 verwendet, welches problemlos anzuwenden und auch überall erhältlich ist. Das Mehl kann jedoch 1 : 1 durch Weizenmehl Type 550 ersetzt werden.

SÜSSUNGSMITTEL

Die Rezepte wurden so entwickelt, dass sie mit wenig Zucker auskommen. Wer es gerne süßer mag, kann mehr Zucker zugeben. Besonders geeignet zum Backen ist ein sehr feiner Backzucker oder Puderzucker, da sich dieser beim Rühren am besten auflöst (siehe hierzu die Hinweise zum Rührteig auf Seite 18).

EIER

Am liebsten nehme ich Eier aus biologischer Landwirtschaft. Achten Sie dabei auf frische Eier. Vor dem Backen sollten Sie die Eier rechtzeitig aus dem Kühlschrank holen, damit sie Raumtemperatur annehmen können.

FETTE UND ÖLE

Butter schmeckt natürlich im Gugelhupf am besten. Man kann sie jedoch durch Margarine ersetzen. Bei Ölen bevorzuge ich Rapsöl. Wichtig ist es beim Öl, auf Geschmacksneutralität zu achten. Auch die Butter nicht direkt aus dem Kühlschrank, sondern zimmerwarm verarbeiten. Die Butter daher mindestens 30 Minuten vor Beginn des Backvorgangs aus dem Kühlschrank holen.

MILCHPRODUKTE

Für die Rezepte eignen sich am allerbesten, je nach Angabe im Rezept, Kuhmilch mit 3,8 % Fettanteil, Schlagsahne, Joghurt mit 3,8 % Fettanteil oder griechischer Joghurt mit 10 % Fettanteil, Creme fraîche, Magerquark, Speisequark mit 20 % Fett und saure Sahne. Wer aber gerne auf pflanzliche Alternativen zurückgreifen möchte, kann Mandel- oder Kokosdrink sowie entsprechende pflanzliche Produkte wählen.

BACKTRIEBMITTEL

In den Rezepten ist oft ein Päckchen Backpulver angegeben. So werden die Kuchen schön fluffig. Wer nicht so gerne Backpulver verwendet, kann auch nur ein halbes Päckchen oder zwei bis drei Teelöffel nehmen. Der Kuchen ist dann weniger locker, schmeckt aber immer noch sehr gut. Mein Favorit ist Weinsteinbackpulver, da dieses Backpulver milder ist und natürliche Weinsteinsäure enthält.
Alternativ können Sie noch ein wenig Natron mit in den Teig rühren, damit er besonders luftig wird, oder das Backpulver komplett durch Natron ersetzen. Hier genügt dann aber die Hälfte, zum Beispiel statt eines Teelöffels Backpulver nur ein halber Teelöffel Natron.
Anstelle von Backpulver können Sie gut Rum in den Teig einarbeiten, dann brauchen Sie statt eines Teelöffels Backpulver zwei Esslöffel Rum.

Eierlikör

ALKOHOL

In vielen Rezepten kommt Rum als Zutat vor, da verwende ich guten braunen Rum. Wenn Kinder mitessen oder Sie generell ohne Alkohol backen möchten, können Sie auf Rumaroma zurückgreifen. Wein kann durch Traubensaft ersetzt werden. Sie können die in den Rezepten angegebenen Alkoholmengen auch einfach ganz weglassen.

NÜSSE UND MANDELN

Sie verleihen dem Gugelhupf ein kräftiges Aroma und eine besondere Saftigkeit. Am liebsten nehme ich ganze Nüsse oder Mandeln und mahle sie mit einer Kaffeemühle. Werden sie vor der Zugabe in den Teig noch geröstet, intensiviert sich das Aroma. Wichtig: Rösten Sie die gemahlenen Nüsse in einer Pfanne ohne Zugabe von Fett.

ZITRUSFRÜCHTE

Wenn Sie die Schale abreiben, sollten Sie unbehandelte Früchte (Zitronen, Orangen, Mandarinen, Limetten) wählen. Diese sehr heiß abwaschen und abtrocknen. Nur die äußere Schicht dünn abreiben, denn das Weiße schmeckt bitter.

Backform

GRÖSSE UND MATERIAL

Für alle Rezepte wurde eine klassische Gugelhupfform mit einem Durchmesser von 22 cm verwendet. Gugelhupfformen gibt es aus verschiedenen Materialien. Eine beschichtete Gugelhupfform müssen Sie einfetten, bei einer Silikonform ist das meist nicht mehr notwendig.

EINFETTEN UND VORBEREITEN DER BACKFORM

Zum Einfetten nehmen Sie am besten weiche Butter, die Sie mit einem Stück Küchenpapier in der Form verteilen. Sie können natürlich genauso auf Backtrennspray zurückgreifen. Da dieses jedoch die Form angreifen kann, ist hier etwas Vorsicht geboten.

Anschließend bestreuen Sie die Backform mit Semmelbröseln oder Paniermehl. Stattdessen können Sie auch Mehl, gemahlene Nüsse oder Mandeln sowie Kokosraspel wählen. Bei dunklen Gugelhupfen mit Schokolade sehen die genannten Varianten allerdings am fertigen Kuchen nicht so schön aus. Daher empfiehlt es sich, die Backform in diesen Fällen mit ungesüßtem Kakaopulver zu bestäuben.

Besonders bei Kuchen, bei denen statt Butter Sahne verwendet wird, ist gründliches Einfetten sehr wichtig, da der Kuchen leichter kleben bleibt.

SO STÜRZT MAN DEN GUGELHUPF RICHTIG

Nach dem Backen den Gugelhupf in der Form ca. 10–15 Minuten auskühlen lassen. Ein zu frühes Stürzen bringt die Gefahr mit sich, dass der Kuchen bricht.

Sollte er einmal doch nicht ganz so leicht aus der Form gleiten, können Sie mit einem Holzstäbchen den Rand ein wenig lockern, aber Vorsicht, dass Sie dabei nicht die Beschichtung der Backform zerkratzen. Schütteln Sie die Form leicht hin und her, damit sich der Kuchen besser löst.

BEFÜLLEN DER FORM

Den Teig können Sie entweder mit einem Silikon-Spatel in die Form füllen oder mit einem Esslöffel.

Wenn Frucht- bzw. Obststücke mit im Teig sind und diese evtl. an der Form haften bleiben könnten, sollten Sie als erste Lage etwas Teig ohne Obst in die Form geben und dann erst den restlichen Teig einfüllen.

Streichen Sie den Teig mit einem Esslöffel glatt und achten Sie dabei darauf, dass die Form gleichmäßig befüllt ist, damit der Kuchen auch überall gleich hoch wird.

Teig

GARPROBE

Die in den Rezepten angegebene Backzeit ist eine Circa-Angabe, da jeder Backofen andere Backeigenschaften hat. Um festzustellen, ob der Kuchen bereits durchgebacken ist, stechen Sie mit einem Holzstäbchen in die dickste Stelle des Kuchens. Wenn keine Teigreste am Stäbchen kleben bleiben, ist der Gugelhupf fertig.

RÜHRTEIG

Fast alle Rezepte basieren auf einem Rührteig. Um einen lockeren Teig und keinen gummiartigen Kuchen zu erhalten, sollten Sie Folgendes beachten:

Die Zutaten sollten alle die gleiche Temperatur haben. Zutaten, die im Kühlschrank gelagert wurden, daher rechtzeitig herausholen, damit sie Zimmertemperatur annehmen können. Zutaten, die vor Verwendung geschmolzen werden, erst abkühlen und Zimmertemperatur erreichen lassen.

Die Butter sollten Sie mit dem Zucker immer so lange cremig rühren, bis sich der Zucker aufgelöst hat. Wenn Sie die Butter zwischen zwei Fingern reiben und keinen Zucker mehr spüren, ist der Zucker aufgelöst.

Die Eier immer erst schaumig aufschlagen. Es sollten zuerst die flüssigen Zutaten verarbeitet werden, außer das Rezept sieht eine Halbierung des Teigs vor. Erst danach kommen Mehl, Backpulver, Nüsse usw. in den Teig. Diese Zutaten dürfen nicht mehr untergerührt, sondern nur noch zügig untergehoben werden.

Glasur, Guss und Topping

Sie dürfen da ganz kreativ sein und nach eigenem Geschmack vorgehen. Die in den Rezepten angegebenen Toppings sind nur Beispiele. Auch bei den verwendeten Mengen sind Sie je nach eigenem Empfinden und Vorlieben frei.

Um für einen Guss aus Puderzucker die richtige Konsistenz zu erhalten, sollten Sie zuerst den Puderzucker in eine Schüssel sieben. Danach esslöffelweise die Flüssigkeit hinzufügen. Sollte der Guss zu flüssig sein, einfach noch ein wenig gesiebten Puderzucker zugeben. Wer möchte, kann den Puderzucker aromatisieren, zum Beispiel mit Vanille, Zimt, gemahlenem Kardamom, Pulver aus getrockneten Beeren usw.

Lagerung

Am besten bewahren Sie den Gugelhupf unter einer Abdeckhaube auf. Bei Raumtemperatur hält er sich mindestens vier bis fünf Tage. Manchmal entfaltet er sein Aroma sogar erst nach ein bis zwei Tagen voll.

Aufpassen müssen Sie allerdings, wenn frische Früchte eingearbeitet wurden. Besonders in den Sommermonaten kann sich hier die Haltbarkeit verkürzen. Genauso verhält es sich, wenn Sie einen Guss aus Puderzucker und Fruchtsaft verwendet, den Kuchen mit Sahne verziert oder den Gugelhupf mit frischen Früchten belegt haben.

Am längsten halten sich Kuchen, die entweder mit Puderzucker bestäubt oder mit Kuvertüre übergossen wurden.

Eine Lagerung im Kühlschrank kann die Haltbarkeit um ein paar Tage verlängern, allerdings sollten Sie dabei darauf achten, dass der Kuchen nicht feucht wird und nicht in der Nähe stark riechender Lebensmittel steht. Auch hier sollte der Gugelhupf abgedeckt werden. Nehmen Sie den Kuchen auf jeden Fall circa 30 Minuten vor dem Servieren aus dem Kühlschrank.

Ein Einfrieren von Gugelhupfen aus Rührteig ist natürlich ebenfalls problemlos möglich. Dadurch hält sich der Kuchen etwa sechs Monate.

FRÜHLING

KAROTTEN-GUGELHUPF

DU BRAUCHST …

250 g Karotten

200 g weiche Butter

100 g Zucker

2 Päckchen Bourbon-Vanillezucker

4 Eier, Größe M

3 EL Rum oder 5–6 Tropfen Rumaroma

150 g Dinkelmehl Type 630

1 Päckchen Backpulver

1 Prise Meersalz

1 TL gemahlener Zimt

½ Bio-Zitrone

200 g gemahlene Haselnüsse oder Mandeln

Butter für die Form

Semmelbrösel oder Paniermehl

FÜR DEN GUSS

125 g Puderzucker

2–3 EL frisch gepresster Zitronensaft

SO GEHT'S …

1. Den Backofen auf 180 °C Ober-/Unterhitze vorheizen. Karotten putzen, waschen und fein reiben. Butter, Zucker und Vanillezucker in einer Schüssel mit dem Handrührgerät 5 Minuten aufschlagen. Anschließend die Eier nacheinander unterrühren. Rum bzw. Rumaroma dazugeben.

2. Das Mehl in einer Schüssel mit dem Salz, dem Backpulver und dem Zimt vermengen, über die Eimischung sieben und alles gut verrühren. Die Zitrone waschen, abtrocknen und die Schale abreiben. Haselnüsse, Zitronenabrieb und Karotten unter den Teig heben.

3. Eine Gugelhupf-Form mit Butter einfetten und mit Semmelbröseln bestäuben. Den Teig in die Form füllen, glatt streichen und 40–45 Minuten im Backofen backen.

4. Gugelhupf aus dem Ofen nehmen und 10–15 Minuten in der Form abkühlen lassen. Vorsichtig aus der Form lösen und erkalten lassen.

5. Aus dem Puderzucker und dem Zitronensaft in einer kleinen Schüssel einen Guss anrühren und diesen über den Kuchen gießen und fest werden lassen.

Tipp

Anstatt des Gusses kann man auch ein Frischkäse-Topping auf dem Kuchen verteilen. Dafür 125 g Doppelrahmfrischkäse mit 100 g Puderzucker und etwas Vanillearoma verrühren. Außerdem kann man den Kuchen noch mit 1 EL Rum oder 2 Tropfen Rumaroma verfeinern. Für besondere Anlässe garniert man den Kuchen mit „Ananasblumen" (= getrockneten Ananasscheiben). Besonders hübsch sieht es aus, wenn man den Gugelhupf mit selbst gemachten weißen Schokoladenfedern und gehobelten Haselnüssen garniert.

MIAS LIEBLINGS-OSTER-SCHOKOLADEN-GUGELHUPF

DU BRAUCHST …

3 Eier, Größe M

250 g weiche Butter

150 g Zucker

1 Päckchen Bourbon-Vanillezucker

200 g saure Sahne

2 EL Milch

2 EL Rum oder 4 Tropfen Rumaroma

200 g Dinkelmehl Type 630

5 EL ungesüßtes Kakaopulver (ca. 50 g)

1 Päckchen Backpulver

1 Prise Meersalz

90 g Schokoladenstückchen, zartbitter

Butter für die Form

Semmelbrösel oder Paniermehl

ZUM GARNIEREN

150 g Zartbitter- oder Vollmilchkuvertüre

Schokoladenspäne

Schokoladen-Ostereier

SO GEHT'S …

1. Den Backofen auf 180 °C Ober-/Unterhitze vorheizen.
Die Eier trennen. Das Eigelb in einer Schüssel beiseitestellen. Das Eiweiß in einer Schüssel mit dem Handrührgerät steif schlagen. Butter, Zucker und Vanillezucker in einer Schüssel mit dem Handrührgerät 5 Minuten aufschlagen. Anschließend die Eigelbe nach und nach unterrühren. Die saure Sahne, die Milch und den Rum bzw. das Rumaroma ebenfalls untermischen.

3. Das Mehl in einer Schüssel mit dem Kakaopulver, dem Backpulver und dem Salz vermengen, über die Eimischung sieben und zügig einarbeiten. Dann die Schokoladenstückchen und das Eiweiß unter den Teig heben.

4. Eine Gugelhupf-Form mit Butter einfetten und mit Semmelbröseln bestäuben. Den Teig in die Form füllen und im Backofen 45–50 Minuten backen.

5. Den Gugelhupf aus dem Ofen nehmen und 10–15 Minuten in der Form abkühlen lassen. Vorsichtig aus der Form lösen und auf einem Kuchengitter vollständig erkalten lassen.

6. Die Kuvertüre grob zerkleinern, in eine Schüssel geben und im heißen Wasserbad schmelzen. Danach über den Kuchen gießen. Den Gugelhupf nach Belieben mit Schokoladenspänen und Schokoladeneiern belegen.

Tipp

Der Kuchen schmeckt natürlich nicht nur zu Ostern.

EIERLIKÖR-TONKA-GUGELHUPF

DU BRAUCHST…

250 g weiche Butter

130 g Zucker

1 Päckchen Bourbon-Vanillezucker

4 Eier, Größe M

125 ml Eierlikör

250 g Dinkelmehl Type 630

1 Prise Meersalz

1 Päckchen Backpulver

½ Tonkabohne

Butter für die Form

Semmelbrösel oder Paniermehl

ZUM GARNIEREN

2 EL Puderzucker

SO GEHT'S…

1. Den Backofen auf 180 °C Ober-/Unterhitze vorheizen. Butter, Zucker und Vanillezucker in einer Schüssel mit dem Handrührgerät mindestens 5 Minuten aufschlagen, bis sich der Zucker aufgelöst hat.

2. Anschließend die Eier nach und nach unterrühren. Den Eierlikör ebenfalls untermischen.

3. Das Mehl in einer Schüssel mit dem Backpulver und dem Salz vermengen. Die Tonkabohne dazureiben, alles über die Eimischung sieben und gut verrühren.

4. Eine Gugelhupf-Form mit Butter einfetten und mit Semmelbröseln bestäuben. Den Teig in die Form füllen und im Backofen 45–50 Minuten backen.

5. Den Gugelhupf aus dem Ofen nehmen und 10–15 Minuten in der Form abkühlen lassen. Vorsichtig aus der Form lösen und auf einem Kuchengitter vollständig erkalten lassen.

6. Den abgekühlten Kuchen mit Puderzucker bestäuben.

Tipp

Wenn man keine Tonkabohne zur Hand hat, kann man sie einfach weglassen oder stattdessen das Mark einer Vanilleschote unterheben.

REGENBOGEN-GUGELHUPF

DU BRAUCHST …

4 Eier, Größe M

200 g weiche Butter

150 g Zucker

2 Päckchen Bourbon-Vanillezucker

200 g Quark (mager oder mit 20 % Fett)

270 g Dinkelmehl Type 630

30 g Kartoffelmehl

1 Päckchen Backpulver

1 Prise Meersalz

1 Bio-Zitrone

Lebensmittelfarbe oder -paste in 5 verschiedenen Farben

Butter für die Form

Semmelbrösel oder Paniermehl

ZUM GARNIEREN

125 g Puderzucker

2–3 EL Zitronensaft

ein paar Tropfen Lebensmittelfarbe

Zuckerstreusel

Außerdem: mehrere Spritzbeutel

SO GEHT'S …

1. Den Backofen auf 180 °C Ober-/Unterhitze vorheizen. Die Eier trennen. Das Eigelb in einer Schüssel beiseitestellen. Das Eiweiß in einer Schüssel mit dem Handrührgerät steif schlagen.

2. Butter, Zucker und Vanillezucker in einer Schüssel mit dem Handrührgerät 5 Minuten aufschlagen. Anschließend die Eigelbe nach und nach unterrühren. Den Quark ebenfalls untermischen. Das Mehl in einer Schüssel mit dem Kartoffelmehl, dem Backpulver und dem Salz vermengen, über die Eimischung sieben und zügig in den Teig einarbeiten. Die Zitrone waschen, abtrocknen und die Schale abreiben. Den Abrieb mit dem Eischnee unter den Teig heben.

3. 1/3 des Teigs abnehmen und gleichmäßig in 5 verschiedene Schälchen füllen. Jeweils mit Lebensmittelfarbe in einer anderen Farbe verrühren. Die Teige in verschiedene Spritzbeutel füllen. Eine Gugelhupf-Form mit Butter einfetten und mit Semmelbröseln bestäuben. Die Hälfte des ungefärbten Teigs in die Form geben und glatt streichen. Anschließend die erste Farbe kreisförmig in die Mitte auf den Teig spritzen. Mit einem Teelöffel etwas glatt streichen.

4. Dann die nächste Farbe auf den ersten Kreis spritzen. Wieder mit dem Teelöffel glatt streichen. Den Vorgang wiederholen, bis alle Farben verwendet wurden. Zum Schluss den restlichen ungefärbten Teig vorsichtig in die Form füllen und behutsam glatt streichen. Gugelhupf im Backofen 40–45 Minuten backen.

5. Kuchen aus dem Ofen nehmen und 10–15 Minuten in der Form abkühlen lassen. Vorsichtig aus der Form lösen und erkalten lassen. Den Puderzucker und den Zitronensaft in einer kleinen Schüssel zu einem Guss verrühren und mit der gewünschten Lebensmittelfarbe einfärben. Guss auf dem Kuchen verteilen und mit Streuseln bestreuen.

KOKOS-WEISSE-SCHOKOLADE-GUGELHUPF

DU BRAUCHST …

150 g weiße Schokolade

3 Eier, Größe M

150 g weiche Butter

120 g Zucker

1 Päckchen Bourbon-Vanillezucker

150 ml Kokosmilch

150 g Dinkelmehl Type 630

1 TL Kartoffelmehl

1 Päckchen Backpulver

1 Prise Meersalz

100 g Kokosraspel

50 g gemahlene Mandeln

Butter für die Form

Semmelbrösel oder Paniermehl

ZUM GARNIEREN

150 g weiße Kuvertüre

Kokosspäne

SO GEHT'S …

1. Den Backofen auf 180 °C Ober-/Unterhitze vorheizen. Die weiße Schokolade grob zerkleinern, in eine Schüssel geben und im heißen Wasserbad schmelzen. Dann auf Raumtemperatur abkühlen lassen. Die Eier trennen. Das Eigelb in einer Schüssel beiseitestellen. Das Eiweiß in einer Schüssel mit dem Handrührgerät steif schlagen.

2. Butter, Zucker und Vanillezucker in einer Schüssel mit dem Handrührgerät 5 Minuten aufschlagen. Anschließend die Eigelbe nach und nach unterrühren. Die Kokosmilch und die abgekühlte Schokolade ebenfalls dazugeben.

3. Das Mehl in einer Schüssel mit dem Kartoffelmehl, dem Backpulver und Salz vermengen, über die Eimischung sieben und alles gut verrühren. Die Kokosraspel, die Mandeln sowie den Eischnee unter den Teig heben.

4. Eine Gugelhupf-Form mit Butter einfetten und mit Semmelbröseln bestäuben. Den Teig in die Form füllen und im Backofen 45–50 Minuten backen. Dann Kuchen aus dem Ofen nehmen und 10–15 Minuten in der Form abkühlen lassen. Vorsichtig aus der Form lösen und auf einem Kuchengitter vollständig erkalten lassen.

5. Die Kuvertüre grob zerkleinern, in eine Schüssel geben, im heißen Wasserbad schmelzen und über den Kuchen gießen. Den Gugelhupf mit Kokosspänen garnieren und die Schokolade fest werden lassen.

Tipp

Der Kuchen schmeckt besonders gut mit frischen Früchten.

IRISCHER GUGELHUPF MIT BAILEYS

DU BRAUCHST ...

4 Eier, Größe M

200 g weiche Butter

160 g Zucker

1 Päckchen Bourbon-Vanillezucker

200 ml irischer Sahnelikör (z. B. Baileys)

320 g Dinkelmehl Type 630

1 Päckchen Sahne-Puddingpulver

1 Päckchen Backpulver

1 Prise Meersalz

Butter für die Form

Semmelbrösel oder Paniermehl

FÜR DEN GUSS

125 g Puderzucker

2–3 EL irischer Sahnelikör (z. B. Baileys)

SO GEHT'S ...

1. Den Backofen auf 180 °C Ober-/Unterhitze vorheizen. Die Eier trennen. Das Eigelb in einer Schüssel beiseitestellen. Das Eiweiß in eine Schüssel geben und mit dem Handrührgerät steif schlagen.

2. Butter, Zucker und Vanillezucker in einer Schüssel 5 Minuten aufschlagen. Anschließend die Eigelbe nach und nach untermischen. Den Sahnelikör unterrühren.

3. Das Mehl in einer Schüssel mit dem Puddingpulver, Salz und dem Backpulver vermengen, über die Eimischung sieben und alles gut verrühren. Den Eischnee unterheben.

4. Eine Gugelhupf-Form mit Butter einfetten und mit Semmelbröseln bestäuben. Den Teig in die Form füllen und im Backofen 45–50 Minuten backen.

5. Den Gugelhupf aus dem Ofen nehmen und 10–15 Minuten in der Form abkühlen lassen. Vorsichtig aus der Form lösen und auf einem Kuchengitter vollständig erkalten lassen.

6. Aus dem Puderzucker und dem Sahnelikör in einer Schüssel einen Guss anrühren, diesen über den Kuchen gießen und fest werden lassen.

Tipps

Wenn Kinder mitessen, kann man den Sahnelikör im Guss durch Milch ersetzen. Der Kuchen schmeckt besonders gut mit einem Klecks geschlagener Vanillesahne und marinierten Beeren (zum Beispiel Erdbeeren).

Marmor Gugl

MARMOR-GUGELHUPF

DU BRAUCHST …

250 g weiche Butter

150 g Zucker

2 Päckchen Bourbon-Vanillezucker

4 Eier, Größe M

200 g saure Sahne

300 g Dinkelmehl Type 630

1 Prise Meersalz

1 Päckchen Backpulver

1 EL ungesüßtes Kakaopulver

1 EL Milch

2 EL Rum oder 4 Tropfen Rumaroma

Butter für die Form

Semmelbrösel oder Paniermehl

ZUM GARNIEREN

2 EL Puderzucker

SO GEHT'S …

1. Den Backofen auf 180 °C Ober-/Unterhitze vorheizen. Butter, Zucker und Vanillezucker in einer Schüssel mit dem Handrührgerät 5 Minuten aufschlagen. Anschließend die Eier nach und nach unterrühren. Die saure Sahne ebenfalls untermischen.

2. Das Mehl in einer Schüssel mit dem Backpulver und Salz vermengen, über die Eimischung sieben und zügig einarbeiten. $^1/_3$ des Teigs in eine andere Schüssel umfüllen und mit dem Kakaopulver und der Milch vermischen. Den Rum in den hellen Teig einrühren.

3. Eine Gugelhupf-Form mit Butter einfetten und mit Semmelbröseln bestäuben. Nun ein paar Esslöffel hellen Teig in die Form füllen, dann eine dünne Schicht Kakao-Teig daraufgeben. Den restlichen hellen Teig darauf verteilen und den restlichen Kakao-Teig obenauf geben. Mit einer Gabel oder einem Messer schlangenförmig durch den Teig fahren.

4. Den Gugelhupf im Backofen 45–50 Minuten backen. Dann den Kuchen aus dem Ofen nehmen und 10–15 Minuten in der Form abkühlen lassen. Vorsichtig aus der Form lösen und auf einem Kuchengitter vollständig erkalten lassen. Mit Puderzucker bestäuben.

Tipp

Statt mit Puderzucker bestäubt, kann der Kuchen mit geschmolzener Vollmilch- oder Zartbitterkuvertüre übergossen werden. Für eine fruchtige Note noch einige entsteinte und abgetropfte Sauerkirschen oder Schattenmorellen aus dem Glas unter den dunklen Teig heben. Man kann das Kakaopulver auch durch 1–2 EL Nuss-Nougat-Creme ersetzen.

MATCHA-VANILLE-GUGELHUPF

DU BRAUCHST …

230 g weiche Butter

150 g Zucker

2 Päckchen Bourbon-Vanillezucker

½ Fläschchen Buttervanillearoma

4 Eier, Größe M

125 ml + 1 EL Milch

1 Bio-Limette

300 g Dinkelmehl Type 630

1 Päckchen Backpulver

1 Prise Meersalz

3 TL Matcha-Pulver

Butter für die Form

Semmelbrösel oder Paniermehl

FÜR DEN GUSS

125 g Puderzucker

1–2 TL Matcha-Pulver

2–3 EL Milch

SO GEHT'S …

1. Den Backofen auf 180 °C Ober-/Unterhitze vorheizen. Butter, Zucker, Vanillezucker und Buttervanillearoma in einer Schüssel mit dem Handrührgerät 5 Minuten aufschlagen. Anschließend die Eier nach und nach unterrühren. 125 ml Milch ebenfalls untermischen.

2. Die Limette waschen, abtrocknen, die Schale abreiben und die Frucht auspressen. Das Mehl mit dem Backpulver und Salz vermengen, über die Eimischung sieben und mit dem Limettensaft und -abrieb zügig in den Teig einarbeiten. Die Hälfte des Teigs in eine andere Schüssel umfüllen und das Matcha-Pulver sowie 1 EL Milch unterheben.

3. Eine Gugelhupf-Form mit Butter einfetten und mit Semmelbröseln bestäuben. Nun ein paar Esslöffel hellen Teig in die Form füllen, dann eine Schicht Matcha-Teig darauf verteilen. Den restlichen hellen Teig und zuletzt den restlichen Matcha-Teig hineingeben. Mit einer Gabel oder einem Messer schlangenförmig durch den Teig fahren.

4. Den Gugelhupf im Backofen 45–50 Minuten backen. Dann aus dem Ofen nehmen und 10–15 Minuten in der Form abkühlen lassen. Vorsichtig aus der Form lösen und auf einem Kuchengitter erkalten lassen.

5. Für den Guss Puderzucker, Matcha-Pulver und Milch in einer kleinen Schüssel verrühren. Guss über dem abgekühlten Kuchen verteilen und fest werden lassen.

Tipp

Statt Kuhmilch kann man auch Mandeldrink oder Kokosmilch verwenden.

HUMMINGBIRD-GUGELHUPF

DU BRAUCHST…

250 g frische Ananas oder
Ananas aus dem Glas

1 reife Banane

3 Eier, Größe M

120 g Zucker

1 Päckchen Bourbon-Vanillezucker

190 ml neutrales Pflanzenöl

100 g Pekannuss- oder Walnusskerne

300 g Dinkelmehl Type 630

1 Päckchen Backpulver

1 Prise Meersalz

1 TL gemahlener Zimt

Butter für die Form

Semmelbrösel oder Paniermehl

ZUM GARNIEREN

125 g Puderzucker

2–3 EL Ananassaft oder Milch

einige Pekannuss- oder Walnusshälften

SO GEHT'S…

1. Den Backofen auf 180 °C Ober-/Unterhitze vorheizen. Die frische Ananas schälen und in kleine Würfel schneiden. Ananas aus dem Glas abtropfen lassen und klein schneiden.

2. Die Banane schälen und in einer Schüssel mit einer Gabel zerdrücken.Eier, Zucker und Vanillezucker in einer Schüssel mit dem Handrührgerät 5 Minuten aufschlagen.

3. Anschließend das Öl in einem dünnen Strahl unter Rühren zugießen und einarbeiten. Pekannüsse bzw. Walnüsse in einer Kaffeemühle oder einem Mixer fein mahlen oder hacken.

4. Das Mehl in einer Schüssel mit Backpulver, Salz und Zimt vermengen und über die Eimischung sieben. Nüsse dazugeben und alles gut vermischen. Ananas und Banane unterheben.

5. Eine Gugelhupf-Form mit Butter einfetten und mit Semmelbröseln bestäuben. Den Teig in die Form füllen und im Backofen 45–50 Minuten backen. Den Gugelhupf aus dem Ofen nehmen und 10–15 Minuten in der Form abkühlen lassen. Vorsichtig aus der Form lösen und auf einem Kuchengitter erkalten lassen.

6. Aus dem Puderzucker und dem Saft in einer Schüssel einen Guss anrühren und diesen über dem abgekühlten Gugelhupf verteilen und fest werden lassen. Mit Pekannuss- oder Walnusshälften garnieren.

Tipp

Anstatt des Gusses kann man ein Frischkäsetopping (siehe Seite 26) auf den Kuchen geben.

RHABARBER-MARZIPAN-GUGELHUPF

DU BRAUCHST …

250 g Rhabarber

100 g Marzipan-Rohmasse

4 Eier, Größe M

250 g weiche Butter

150 g Zucker

1 Päckchen Bourbon-Vanillezucker

100 ml Sahne

2 EL Amaretto oder 4 Tropfen Bittermandelaroma

350 g Dinkelmehl Type 630

1 Päckchen Backpulver

1 Prise Meersalz

Butter für die Form

Semmelbrösel oder Paniermehl

ZUM GARNIEREN

125 g Puderzucker

2–3 EL frisch gepresster Zitronensaft

rosa Macarons

SO GEHT'S …

1. Den Backofen auf 180 °C Ober-/Unterhitze vorheizen. Den Rhabarber putzen, schälen, waschen und in ca. 1 cm große Stücke schneiden. Das Marzipan grob reiben. Die Eier trennen. Das Eigelb in einer Schüssel beiseitestellen. Das Eiweiß in einer Schüssel mit dem Handrührgerät steif schlagen.

2. Butter, Zucker und Vanillezucker in einer Schüssel mit dem Handrührgerät 5 Minuten aufschlagen. Anschließend die Eigelbe nach und nach unterrühren. Die Sahne und den Amaretto bzw. das Bittermandelaroma untermischen.

3. Das Mehl in einer Schüssel mit dem Backpulver und Salz vermengen, über die Eimischung sieben und in den Teig einarbeiten. Eischnee, Marzipan und Rhabarberstücke unter den Teig heben.

4. Eine Gugelhupf-Form mit Butter einfetten und mit Semmelbröseln bestäuben. Den Teig in die Form füllen und im Backofen 50–60 Minuten backen.

5. Den Gugelhupf aus dem Ofen nehmen und 10–15 Minuten in der Form abkühlen lassen. Vorsichtig aus der Form lösen und auf einem Kuchengitter vollständig erkalten lassen.

6. Aus dem Puderzucker und dem Zitronensaft in einer kleinen Schüssel einen Guss anrühren und diesen über den Kuchen gießen und fest werden lassen. Mit Macarons garnieren.

HOLUNDERBLÜTEN-GUGELHUPF

DU BRAUCHST …

200 g weiche Butter

120 g Zucker

1 Päckchen Bourbon-Vanillezucker

4 Eier, Größe M

1 Bio-Zitrone

4 EL Holunderblütensirup

200 g Crème fraîche
(1 EL abnehmen für den Guss)

250 g Dinkelmehl Type 630

1 ½ TL Backpulver

1 Prise Meersalz

Butter für die Form

Semmelbrösel oder Paniermehl

FÜR DEN GUSS

125 g Puderzucker

1 EL Holunderblütensirup

SO GEHT'S …

1. Den Backofen auf 180 °C Ober-/Unterhitze vorheizen. Butter, Zucker und Vanillezucker in einer Schüssel mit dem Handrührgerät 5 Minuten aufschlagen. Anschließend die Eier nach und nach unterrühren.

2. Die Zitrone waschen, abtrocknen, die Schale abreiben und die Frucht auspressen. Den Holunderblütensirup, Saft und Abrieb der Zitrone und die Crème fraîche (abgesehen von 1 EL für den Guss) dazugeben und untermischen.

3. Das Mehl in einer Schüssel mit dem Backpulver und Salz vermengen, über die Eimischung sieben und alles gut verrühren.

4. Eine Gugelhupf-Form mit Butter einfetten und mit Semmelbröseln bestäuben. Den Teig in die Form füllen und im Backofen 45–50 Minuten backen.

5. Den Gugelhupf aus dem Ofen nehmen und 10–15 Minuten in der Form abkühlen lassen. Vorsichtig aus der Form lösen und auf einem Kuchengitter vollständig erkalten lassen.

6. Aus dem Puderzucker, 1 EL Crème fraîche und dem Holunderblütensirup in einer kleinen Schüssel einen Guss anrühren, diesen über den abgekühlten Kuchen gießen und fest werden lassen.

Tipp

Der Gugelhupf sieht besonders hübsch aus, wenn man ihn mit frisch gepflückten Holunderblüten garniert.

ERDBEER-STRACCIATELLA-GUGELHUPF

DU BRAUCHST …

250 g frische Erdbeeren

250 g weiche Butter

130 g Zucker

2 Päckchen Bourbon-Vanillezucker

4 Eier, Größe M

200 g Schmand

300 g Dinkelmehl Type 630

½ Päckchen Backpulver

1 Prise Meersalz

75 g backfeste Schokostückchen, zartbitter

Butter für die Form

Semmelbrösel oder Paniermehl

ZUM GARNIEREN

2 EL Puderzucker

einige frische Erdbeeren

SO GEHT'S …

1. Den Backofen auf 180 °C Ober-/Unterhitze vorheizen. Erdbeeren für den Teig waschen, entstielen und klein schneiden.

2. Butter, Zucker und Vanillezucker in einer Schüssel mit dem Handrührgerät 5 Minuten aufschlagen. Anschließend die Eier nach und nach unterrühren. Den Schmand ebenfalls hinzugeben.

3. Das Mehl in einer Schüssel mit Backpulver und Salz mischen, über die Eimischung sieben und alles gut verrühren. Anschließend die Schoko- und die Erdbeerstückchen unterheben.

4. Eine Gugelhupf-Form mit Butter einfetten und mit Semmelbröseln bestäuben. Den Teig in die Form füllen und im Backofen 45–50 Minuten backen.

5. Den Gugelhupf aus dem Ofen nehmen und 10–15 Minuten in der Form abkühlen lassen. Vorsichtig aus der Form lösen und auf einem Kuchengitter vollständig erkalten lassen.

6. Den abgekühlten Kuchen mit Puderzucker bestäuben. Die Erdbeeren für die Garnitur waschen, halbieren und den Kuchen damit verzieren.

Tipp

Man kann die Erdbeeren auch weglassen oder durch andere Früchte wie zum Beispiel Himbeeren oder Aprikosen ersetzen.

SOMMER

MOHN-KIRSCH-MARMOR-GUGELHUPF

DU BRAUCHST …

350 g frische Sauerkirschen oder 340 g entsteinte Kirschen aus dem Glas

180 g weiche Butter

120 g Zucker

1 Päckchen Bourbon-Vanillezucker

4 Eier, Größe M

125 ml Milch

2 EL Apfelmus

350 g Dinkelmehl Type 630

1 ½ TL Backpulver

1 Prise Meersalz

1 TL Orangen- oder Zitronenabrieb

25 g gemahlener Mohn

Butter für die Form

Semmelbrösel oder Paniermehl

ZUM GARNIEREN

2 EL Puderzucker

1 TL gemahlener Mohn

SO GEHT'S …

1. Den Backofen auf 180 °C Ober-/Unterhitze vorheizen.Sauerkirschen waschen, entstielen und entkernen. Entsteinte Kirschen aus dem Glas in einem Sieb abtropfen lassen. Butter, Zucker und Vanillezucker in einer Schüssel mit dem Handrührgerät 5 Minuten aufschlagen. Anschließend die Eier nach und nach unterrühren. Die Milch und das Apfelmus ebenfalls untermischen.

2. Das Mehl in einer Schüssel mit dem Salz und dem Backpulver vermengen, über die Eimischung sieben und mit dem Orangen- bzw. Zitronenabrieb gut in den Teig einarbeiten. Die Hälfte des Teigs in eine andere Schüssel umfüllen und den Mohn und die Kirschen unterheben.

3. Eine Gugelhupf-Form mit Butter einfetten und mit Semmelbröseln bestäuben. Nun den Kirsch-Mohn-Teig in die Form geben und den hellen Teig darauf verteilen.

4. Den Gugelhupf im Backofen 45–50 Minuten backen. Dann den Kuchen aus dem Ofen nehmen und 10–15 Minuten in der Form abkühlen lassen. Vorsichtig aus der Form lösen und auf einem Kuchengitter vollständig erkalten lassen.

5. Puderzucker und Mohn in einer Schüssel vermischen und den Kuchen damit bestäuben.

Tipp

Statt der Kirschen kann man auch gut Johannisbeeren, Himbeeren oder Brombeeren unter den Mohnteig heben.

GUGELHUPF NACH SCHWARZWÄLDER ART

DU BRAUCHST …

350 g frische Sauerkirschen oder 340 g entsteinte Kirschen aus dem Glas

4 Eier, Größe M

230 g weiche Butter

130 g Zucker

2 Päckchen Bourbon-Vanillezucker

150 ml Milch

2 EL Kirschwasser

230 g Dinkelmehl Type 630

1 Päckchen Schokoladen-Puddingpulver

1 Prise Meersalz

2 EL ungesüßtes Kakaopulver

2 TL Backpulver

Butter für die Form

Semmelbrösel oder Paniermehl

ZUM GARNIEREN

200 ml Sahne

1 Päckchen Vanillezucker

einige frische Kirschen

Schokoladenraspel

Außerdem: 1 Spritzbeutel mit Sterntülle

SO GEHT'S …

1. Den Backofen auf 180 °C Ober-/Unterhitze vorheizen. Die frischen Sauerkirschen waschen, entstielen und entkernen. Kirschen aus dem Glas in einem Sieb abtropfen lassen. Die Eier trennen. Das Eigelb in einer weiteren Schüssel beiseitestellen. Das Eiweiß in einer Schüssel mit dem Handrührgerät steif schlagen.

2. Butter, Zucker und Vanillezucker in einer Schüssel mit dem Handrührgerät 5 Minuten aufschlagen. Anschließend die Eigelbe nach und nach unterrühren. Die Milch und das Kirschwasser einrühren. Das Mehl in einer Schüssel mit dem Salz, dem Puddingpulver, dem Kakaopulver und dem Backpulver vermengen, über die Eimischung sieben und zügig in den Teig einarbeiten. Eischnee und Kirschen unterheben.

3. Eine Gugelhupf-Form mit Butter einfetten und mit Semmelbröseln bestäuben. Den Teig in die Form füllen und im Backofen 45–50 Minuten backen. Dann Gugelhupf aus dem Ofen nehmen und 10–15 Minuten in der Form abkühlen lassen. Vorsichtig aus der Form lösen und auf einem Kuchengitter vollständig erkalten lassen.

4. Die Sahne in eine Schüssel geben und mit dem Vanillezucker steif schlagen. In einen Spritzbeutel mit Sterntülle füllen und Tuffs auf den abgekühlten Gugelhupf spritzen. Die Kirschen zum Garnieren waschen. Den Kuchen mit Schokoladenraspeln bestreuen und mit den Kirschen belegen.

Tipp

Gut gekühlte Schokolade lässt sich besonders gut reiben.

JOHANNISBEER-VANILLE-GUGELHUPF

DU BRAUCHST ...

200 g Rote Johannisbeeren

4 Eier, Größe M

200 g weiche Butter

150 g Zucker

2 Päckchen Bourbon-Vanillezucker

200 ml Sahne

2 EL Rum oder 4 Tropfen Rumaroma

280 g Dinkelmehl Type 630

1 Päckchen Vanille-Puddingpulver

1 Päckchen Backpulver

1 Prise Meersalz

Butter für die Form

ZUM GARNIEREN

125 g Puderzucker

2–3 EL frisch gepresster Zitronensaft

einige Rispen Rote Johannisbeeren

SO GEHT'S ...

1. Den Backofen auf 180 °C Ober-/Unterhitze vorheizen.
   Die Johannisbeeren für den Teig waschen und mit einer Gabel von den Rispen streifen oder abzupfen. Die Eier trennen. Das Eigelb in einer Schüssel beiseitestellen. Das Eiweiß in einer Schüssel mit dem Handrührgerät steif schlagen.

2. Butter, Zucker und Vanillezucker in einer Schüssel mit dem Handrührgerät 5 Minuten aufschlagen. Anschließend die Eigelbe nach und nach unterrühren. Die Sahne und den Rum bzw. das Rumaroma untermischen. Das Mehl in einer Schüssel mit dem Puddingpulver, Salz und dem Backpulver vermengen, über die Eimischung sieben und alles gut verrühren. Eiweiß und Johannisbeeren unterheben.

3. Eine Gugelhupf-Form mit Butter einfetten und mit Semmelbröseln bestäuben. Den Teig in die Form füllen und im Backofen 50–60 Minuten backen. Den Gugelhupf aus dem Ofen nehmen und 10–15 Minuten in der Form abkühlen lassen. Vorsichtig aus der Form lösen und auf einem Kuchengitter erkalten lassen.

4. Aus dem Puderzucker und dem Zitronensaft in einer kleinen Schüssel einen Guss anrühren, diesen über den abgekühlten Kuchen gießen und fest werden lassen. Johannisbeeren für die Garnitur waschen und den Kuchen damit verzieren.

Tipp

Die Johannisbeeren kann man auch durch Stachelbeeren, Heidelbeeren oder Himbeeren ersetzen. Wer möchte, kann den Kuchen noch mit frischen Wiesenblumen garnieren, zum Beispiel Kornblumen, Gänseblümchen, Kamillenblüten oder Löwenzahn.

HEIDELBEER-BUCHWEIZEN-GUGELHUPF

DU BRAUCHST …

275 g weiche Butter

130 g Zucker

1 Päckchen Bourbon-Vanillezucker

5 Eier, Größe M

1 EL Rum oder 4 Tropfen Rumaroma

200 g Buchweizenmehl

1 Päckchen Backpulver

1 Prise Meersalz

1 TL gemahlener Zimt

150 g Heidelbeeren

300 g gemahlene Haselnüsse

1 TL Zitronenabrieb

Butter für die Form

Semmelbrösel oder Paniermehl

ZUM GARNIEREN

125 g Puderzucker

2–3 EL Heidelbeersaft oder -muttersaft

einige Heidelbeeren

SO GEHT'S …

1. Den Backofen auf 180 °C Ober-/Unterhitze vorheizen. Butter, Zucker und Vanillezucker in einer Schüssel mit dem Handrührgerät 5 Minuten aufschlagen. Anschließend die Eier nach und nach unterrühren. Rum bzw. Rumaroma ebenfalls hinzugeben.

2. Das Mehl mit Backpulver, Salz und Zimt in einer Schüssel vermengen, über die Eimischung sieben und alles gut verrühren. Heidelbeeren für den Teig waschen und verlesen. Mit den Haselnüssen und dem Zitronenabrieb unter den Teig heben.

3. Eine Gugelhupf-Form mit Butter einfetten und mit Semmelbröseln bestäuben. Den Teig in die Form füllen und glatt streichen. Gugelhupf im Backofen 45–50 Minuten backen.

4. Dann aus dem Ofen nehmen und 10–15 Minuten in der Form abkühlen lassen. Vorsichtig aus der Form lösen und auf einem Kuchengitter vollständig erkalten lassen.

5. Aus dem Puderzucker und dem Heidelbeersaft in einer Schüssel einen Guss anrühren, diesen über den Kuchen gießen und fest werden lassen. Die Heidelbeeren zum Garnieren waschen, verlesen und auf dem Guss verteilen.

Tipp

Für den Gugelhupf können auch tiefgekühlte Heidelbeeren verwenden werden.

Hinweis

Dieser Kuchen ist glutenfrei!

PFIRSICH-KOKOS-MANDEL-GUGELHUPF

DU BRAUCHST ...

200 g frische Pfirsiche (entsteint gewogen) oder Pfirsiche aus dem Glas

200 g weiche Butter

120 g Zucker

1 Päckchen Bourbon-Vanillezucker

4 Eier, Größe M

200 ml Milch

280 g Dinkelmehl Type 630

20 g Kartoffelmehl

1 Päckchen Backpulver

1 Prise Meersalz

100 g Kokosraspel

100 g gemahlene Mandeln

Butter für die Form

Semmelbrösel oder Paniermehl

ZUM GARNIEREN

125 g Puderzucker

2–3 EL Milch

1 Pfirsich

einige Rote Johannisbeeren

SO GEHT'S ...

1. Den Backofen auf 180 °C Ober-/Unterhitze vorheizen. Die frischen Pfirsiche waschen, halbieren und entkernen. Die Pfirsiche aus dem Glas in einem Sieb abtropfen lassen. Das Fruchtfleisch jeweils in kleine Würfel schneiden.

2. Butter, Zucker und Vanillezucker in einer Schüssel mit dem Handrührgerät 5 Minuten aufschlagen. Anschließend die Eier nach und nach unterrühren. Die Milch ebenfalls untermischen.

3. Das Mehl in einer Schüssel mit dem Kartoffelmehl, Salz und Backpulver vermengen, über die Eimischung sieben und in den Teig einarbeiten. Kokosraspel, Mandeln und Pfirsichstücke unterheben.

4. Eine Gugelhupf-Form mit Butter einfetten und mit Semmelbröseln bestäuben. Den Teig in die Form füllen und im Backofen 45–50 Minuten backen.

5. Den Gugelhupf aus dem Ofen nehmen und 10–15 Minuten in der Form abkühlen lassen. Vorsichtig aus der Form lösen und auf einem Kuchengitter vollständig erkalten lassen.

6. Aus dem Puderzucker und der Milch in einer kleinen Schüssel einen Guss anrühren. Guss über den Kuchen gießen und fest werden lassen. Den Pfirsich für die Garnitur waschen, entsteinen und in dünne Scheiben schneiden. Die Johannisbeeren ebenfalls waschen. Den Kuchen nach Belieben mit dem Obst belegen.

Tipp

Statt der Pfirsiche eignen sich auch Nektarinen oder Aprikosen.

APRIKOSEN-QUARK-GUGELHUPF

DU BRAUCHST …

150 g Zartbitterkuvertüre

250 g weiche Butter

150 g Zucker

1 Päckchen Bourbon-Vanillezucker

4 Eier, Größe M

2 EL Amaretto

120 ml Sahne

350 g Dinkelmehl Type 630

1 Päckchen Backpulver

1 Prise Meersalz

20 g ungesüßtes Kakaopulver

Butter für die Form

Semmelbrösel oder Paniermehl

FÜR DIE FÜLLUNG

½ Bio-Zitrone

500 g Magerquark

40 g Zucker

1 Ei, Größe M

4 EL Sahne

1 Päckchen Vanille-Puddingpulver

2–3 reife Aprikosen (je nach Größe)

SO GEHT'S …

1. Den Backofen auf 180 °C Ober-/Unterhitze vorheizen. Für den Teig die Kuvertüre grob zerkleinern, in eine Schüssel geben und im heißen Wasserbad schmelzen. Dann auf Raumtemperatur abkühlen lassen. Butter, Zucker und Vanillezucker in eine Schüssel geben und mit dem Handrührgerät 5 Minuten aufschlagen. Anschließend die Eier nach und nach unterrühren.

2. Den Amaretto in einer Tasse mit der Sahne mischen und gemeinsam mit der abgekühlten Kuvertüre unter den Teig rühren. Das Mehl in einer Schüssel mit dem Backpulver, Salz und dem Kakaopulver vermengen, über die Eimischung sieben und alles gut vermischen.

3. Für die Füllung die Zitrone waschen, abtrocknen und die Schale abreiben. Quark, Zucker, Ei, Sahne, Vanillepudding und Zitronenabrieb in einer Schüssel zu einer glatten Creme verrühren. Die Aprikosen waschen, halbieren und den Kern entfernen.

4. ⅔ des Teigs in die gefettete und bemehlte Form füllen und dabei den Teig am Rand etwas hochziehen. Die Quarkmasse hineinlöffeln und die Aprikosenhälften darauf verteilen. Den restlichen Teig darübergeben und glatt streichen.

5. Gugelhupf im Backofen ca. 60 Minuten backen. Dann aus dem Ofen nehmen und 10–15 Minuten in der Form abkühlen lassen. Vorsichtig aus der Form lösen und vollständig erkalten lassen.

Tipp

Statt der Aprikosen kann man Kirschen oder Birnenhälften verwenden, statt des Amarettos 4 Tropfen Bittermandelöl.

HIMBEER-GRIES-GUGELHUPF

DU BRAUCHST …

160 g weiche Butter

150 g Zucker

1 Päckchen Bourbon-Vanillezucker

4 Eier, Größe M

100 ml Milch

200 g Dinkelmehl Type 630

1 Päckchen Backpulver

1 Prise Meersalz

120 g Himbeeren

80 g Weichweizengrieß

80 g gemahlene Mandeln

Butter für die Form

Semmelbrösel oder Paniermehl

ZUM GARNIEREN

125 g Puderzucker plus mehr bei Bedarf

2–3 EL frisch gepresster Zitronensaft

2–3 EL gefriergetrocknete Himbeeren

SO GEHT'S …

1. Den Backofen auf 180 °C Ober-/Unterhitze vorheizen. Butter, Zucker und Vanillezucker in einer Schüssel mit dem Handrührgerät 5 Minuten aufschlagen. Anschließend die Eier nach und nach unterrühren. Die Milch ebenfalls hinzugeben.

2. Das Mehl in einer Schüssel mit Backpulver und Salz vermengen, über die Eimischung sieben und alles gut verrühren. Himbeeren vorsichtig waschen und verlesen. Dann mit dem Gries und den Mandeln unter den Teig heben.

3. Eine Gugelhupf-Form mit Butter einfetten und mit Semmelbröseln bestäuben. Den Teig in die Form füllen und im Backofen 45–50 Minuten backen.

4. Den Gugelhupf aus dem Ofen nehmen und 10–15 Minuten in der Form abkühlen lassen. Vorsichtig aus der Form lösen und auf einem Kuchengitter vollständig erkalten lassen.

5. Aus dem Puderzucker und dem Zitronensaft in einer kleinen Schüssel einen Guss anrühren und diesen über den abgekühlten Kuchen gießen und fest werden lassen.

6. Die gefriergetrockneten Himbeeren in einer Kaffeemühle oder einem Mixer fein zermahlen. Falls das Pulver zu klebrig wird, etwas Puderzucker hinzufügen. Den Gugelhupf damit bestäuben.

Tipp

Man kann auch tiefgekühlte statt der frischen Himbeeren unter den Teig heben.

ZITRONEN-MOHN-GUGELHUPF

DU BRAUCHST ...

250 g weiche Butter

130 g Zucker

2 Päckchen Bourbon-Vanillezucker

4 Eier, Größe M

2 Bio-Zitronen

250 g Dinkelmehl Type 630

1 Päckchen Backpulver

1 Prise Meersalz

20 g gemahlener Mohn

Butter für die Form

Semmelbrösel oder Paniermehl

ZUM GARNIEREN

125 g Puderzucker

½ Bio-Zitrone

einige Minzeblätter

frischer Rosmarin

gemahlener Mohn

SO GEHT'S ...

1. Den Backofen auf 180 °C Ober-/Unterhitze vorheizen. Butter, Zucker und Vanillezucker in einer Schüssel mit dem Handrührgerät 5 Minuten aufschlagen. Anschließend die Eier nach und nach unterrühren.

2. 1 Zitrone waschen, abtrocknen, die Schale abreiben und die Frucht auspressen. 5 EL Saft zum Teig geben und untermischen. Das Mehl in einer Schüssel mit Backpulver und Salz vermengen, über die Eimischung sieben und in den Teig einarbeiten. Den Mohn und den Zitronenabrieb unterheben.

3. Den Teig in die gefettete und bemehlte Form füllen, glatt streichen und im Backofen 45–50 Minuten backen. Die zweite Zitrone auspressen.

4. Den Kuchen aus dem Ofen nehmen, sofort mit einem Holzstäbchen einstechen und mit 2 EL Zitronensaft beträufeln (übrigen Zitronensaft für den Guss verwenden). Gugelhupf in der Form 10–15 Minuten auskühlen lassen, dann vorsichtig aus der Form lösen und vollständig erkalten lassen.

5. Aus dem Puderzucker und dem restlichen Saft der Zitrone in einer kleinen Schüssel einen Guss anrühren und diesen über den Kuchen gießen. Die Zitrone für die Garnitur waschen, einige hauchdünne Scheiben abschneiden. Minzeblätter und Rosmarin ebenfalls waschen. Den Kuchen damit verzieren und mit etwas Mohn bestreuen.

Tipp

Mit ½ TL gemahlener Kurkuma kann man das Gelb des Kuchens etwas intensivieren. Anstatt der Zitronen können auch Limetten oder eine Mischung aus beidem verwendet werden.

ZUCCHINI-APFEL-GUGELHUPF

DU BRAUCHST …

200 g Zucchini

1 säuerlicher Apfel (z. B. Granny Smith)

3 Eier, Größe M

150 g Zucker

1 Päckchen Bourbon-Vanillezucker

150 ml neutrales Pflanzenöl

200 g Dinkelmehl Type 630

1 Päckchen Backpulver

1 TL gemahlener Zimt

1 Prise Meersalz

20 g ungesüßtes Kakaopulver

200 g gemahlene Haselnüsse oder Mandeln

Butter für die Form

Semmelbrösel oder Paniermehl

ZUM GARNIEREN

150 g Zartbitter- oder Vollmilchkuvertüre

Schokodrops

SO GEHT'S …

1. Den Backofen auf 180 °C Ober-/Unterhitze vorheizen. Die Zucchini putzen und waschen. Den Apfel waschen und das Kerngehäuse entfernen. Beides grob raspeln.

2. Eier, Zucker und Vanillezucker in einer Schüssel mit dem Handrührgerät 5 Minuten aufschlagen. Anschließend das Öl in einem dünnen Strahl unter Rühren zugießen und untermischen.

3. Das Mehl in einer Schüssel mit Backpulver, Salz, Zimt und Kakaopulver vermengen, über die Eimischung sieben und in den Teig einarbeiten. Danach Haselnüsse, Zucchini und Apfel unterheben.

4. Eine Gugelhupf-Form mit Butter einfetten und mit Semmelbröseln bestäuben. Den Teig in die Form füllen, glatt streichen und im Backofen 40–45 Minuten backen.

5. Den Gugelhupf aus dem Ofen nehmen und 10–15 Minuten in der Form abkühlen lassen. Vorsichtig aus der Form lösen und auf einem Kuchengitter vollständig erkalten lassen.

6. Die Kuvertüre grob zerkleinern, in eine Schüssel geben und im heißen Wasserbad schmelzen. Den Kuchen damit beträufeln und mit Schokoladendrops garnieren. Schokolade vor dem Servieren fest werden lassen.

Tipp

Man kann für diesen Kuchen auch nur Zucchini reiben, dann braucht man allerdings 350 g.

BROMBEER-GUGELHUPF

DU BRAUCHST ...

120 g Brombeeren

250 g weiche Butter

130 g Zucker

2 Päckchen Bourbon-Vanillezucker

4 Eier, Größe M

200 g saure Sahne

300 g Dinkelmehl Type 630

1 gestrichener EL Kartoffelmehl

2 TL Backpulver

1 Prise Meersalz

½ Bio-Zitrone

Butter für die Form

Semmelbrösel oder Paniermehl

ZUM GARNIEREN

2 EL Puderzucker

2–3 EL gefriergetrocknete Brombeeren oder Heidelbeeren

einige frische Brombeeren

SO GEHT'S ...

1. Den Backofen auf 180 °C Ober-/Unterhitze vorheizen. Brombeeren waschen, entstielen, in einem Mixer pürieren und durch ein Sieb streichen. Butter, Zucker und Vanillezucker in eine Schüssel geben und mit dem Handrührgerät 5 Minuten aufschlagen. Anschließend die Eier nach und nach unterrühren. Die saure Sahne ebenfalls untermischen.

2. Das Mehl in einer Schüssel mit dem Kartoffelmehl, Salz und Backpulver vermengen, über die Eimischung sieben und alles gut verrühren. Die Zitrone waschen, abtrocknen und die Schale abreiben. Zitronenabrieb unter den Teig heben. ⅓ des Teigs in eine weitere Schüssel füllen und das Brombeerpüree zügig unterheben.

3. Eine Gugelhupf-Form mit Butter einfetten und mit Semmelbröseln bestäuben. Den hellen Teig in die Form geben und den Brombeerteig darauf verteilen.

4. Den Gugelhupf im Backofen 45–50 Minuten backen. Dann aus dem Ofen nehmen und 10–15 Minuten in der Form abkühlen lassen. Vorsichtig aus der Form lösen und auf einem Kuchengitter vollständig erkalten lassen.

5. Den Puderzucker mit den gefriergetrockneten Beeren in einer Kaffeemühle oder einem Mixer fein zermahlen. Den Gugelhupf damit bestäuben. Brombeeren für die Garnitur waschen, entstielen und den Kuchen damit belegen.

Tipp

Statt der Brombeeren kann man auch Himbeeren nehmen.

MALLORQUINISCHER MANDEL-GUGELHUPF

DU BRAUCHST …

6 Eier, Größe M

130 g Zucker

2 Päckchen Bourbon-Vanillezucker

½ Bio-Zitrone

250 g gemahlene Mandeln

2 TL Backpulver

1 Prise Meersalz

½ TL gemahlener Zimt

Butter für die Form

Semmelbrösel oder Paniermehl

ZUM GARNIEREN

einige frische Beeren

2 EL Puderzucker

SO GEHT'S …

1. Den Backofen auf 180 °C Ober-/Unterhitze vorheizen. Die Eier trennen. Das Eiweiß in einer Schüssel mit dem Handrührgerät steif schlagen. Das Eigelb in eine Rührschüssel geben und mit dem Zucker und dem Vanillezucker 5–10 Minuten mit dem Handrührgerät sehr cremig aufschlagen.

2. Die Zitrone waschen, abtrocknen und die Schale abreiben. Die Mandeln in einer Schüssel mit Backpulver, Salz, Zimt und dem Zitronenabrieb vermengen, zum Teig geben und mit dem Eiweiß zügig unterheben.

3. Eine Gugelhupf-Form mit Butter einfetten und mit Semmelbröseln bestäuben. Den Teig in die Form füllen, glatt streichen und im Backofen 45–50 Minuten backen.

4. Den Gugelhupf aus dem Ofen nehmen und 10–15 Minuten in der Form abkühlen lassen. Vorsichtig aus der Form lösen und auf einem Kuchengitter vollständig erkalten lassen. Beeren für die Garnitur waschen und verlesen.

5. Den abgekühlten Gugelhupf mit Puderzucker bestäuben und mit den Beeren garnieren.

Hinweis

Dieser Kuchen ist glutenfrei!

TIRAMISU-GUGELHUPF

DU BRAUCHST …

1 ½ EL Instant-Kaffeepulver

50 ml heißes Wasser

280 ml Sahne

4 Eier, Größe M

160 g Zucker

1 Päckchen Bourbon-Vanillezucker

80 ml Milch

280 g Dinkelmehl Type 630

1 Päckchen Backpulver

1 Prise Meersalz

2 EL ungesüßtes Kakaopulver

2 EL Amaretto

Butter für die Form

Semmelbrösel oder Paniermehl

ZUM GARNIEREN

125 g Mascarpone

1 EL Zucker

120 ml Sahne

1 Päckchen Bourbon-Vanillezucker

ungesüßtes Kakaopulver

Außerdem: 1 Spritzbeutel mit Sterntülle

SO GEHT'S …

1. Das Kaffeepulver in einer Tasse mit dem heißen Wasser unter Rühren auflösen und die Mischung vollständig abkühlen lassen. Den Backofen auf 180 °C Ober-/Unterhitze vorheizen.

2. Die Sahne in einer Schüssel mit dem Handrührgerät steif schlagen. Eier, Zucker und Vanillezucker in einer Schüssel mit dem Handrührgerät ca. 5 Minuten sehr cremig schlagen. Die Milch einrühren und die Sahne unterheben. Das Mehl in einer Schüssel mit dem Salz und dem Backpulver vermengen, über die Ei-Sahne-Mischung sieben und zügig einarbeiten. Die Hälfte des Teigs in eine andere Schüssel umfüllen und das Kakaopulver und den abgekühlten Kaffee einrühren. Den Amaretto oder 4 Tropfen Bittermandelaroma in den hellen Teig geben.

3. Ein paar Esslöffel hellen Teig in die Form füllen, dann eine dünne Schicht Kakao-Teig darauf verteilen. Den restlichen hellen Teig und zum Schluss den restlichen Kakao-Teig in die gefettete und bemehlte Form geben. Mit einer Gabel oder einem Messer schlangenförmig durch den Teig fahren.

4. Gugelhupf 45–50 Minuten backen. Kuchen aus dem Ofen nehmen und 10–15 Minuten in der Form abkühlen lassen. Vorsichtig aus der Form lösen und auf einem Kuchengitter erkalten lassen.

5. Für die Garnitur den Mascarpone in einer Schüssel mit dem Zucker cremig rühren. Die Sahne mit dem Vanillezucker in einer Schüssel steif schlagen und unter den Mascarpone heben. Die Creme in den Spritzbeutel füllen und Tuffs auf den abgekühlten Kuchen spritzen. Den Kuchen mit Kakaopulver bestäuben und die restliche Creme dazu reichen.

ZWETSCHGEN-GUGELHUPF

DU BRAUCHST …

250 g Zwetschgen

200 g weiche Butter

120 g brauner Zucker

2 Päckchen Bourbon-Vanillezucker

4 Eier, Größe M

150 ml Sahne

2 EL Rum oder 4 Tropfen Rumaroma

270 g Dinkelmehl Type 630

1 Päckchen Backpulver

1 Prise Meersalz

1 TL gemahlener Zimt

50 g gemahlene Mandeln

Butter für die Form

Semmelbrösel oder Paniermehl

ZUM GARNIEREN

125 g Puderzucker

2–3 EL Milch

2 Zwetschgen

SO GEHT'S …

1. Den Backofen auf 180 °C Ober-/Unterhitze vorheizen. Die Zwetschgen für den Teig waschen, entkernen und in Würfel schneiden. Butter, Zucker und Vanillezucker in einer Schüssel mit dem Handrührgerät mindestens 5 Minuten aufschlagen, bis sich der Zucker aufgelöst hat. Anschließend die Eier nach und nach unterrühren. Die Sahne und den Rum bzw. das Rumaroma ebenfalls untermischen.

2. Das Mehl in einer Schüssel mit Backpulver, Salz und dem Zimt vermengen, über die Eimischung sieben und in den Teig einarbeiten. Danach die gemahlenen Mandeln und die Zwetschgen zügig unterheben.

3. Eine Gugelhupf-Form mit Butter einfetten und mit Semmelbröseln bestäuben. Den Teig in die Form füllen und im Backofen 45–50 Minuten backen.

4. Den Gugelhupf aus dem Ofen nehmen und 10–15 Minuten in der Form abkühlen lassen. Vorsichtig aus der Form lösen und auf einem Kuchengitter vollständig erkalten lassen.

5. Aus dem Puderzucker und der Milch in einer kleinen Schüssel einen Guss anrühren und diesen über den Kuchen gießen und fest werden lassen. Die Zwetschgen für die Garnitur waschen, achteln und dabei entkernen. Den Kuchen damit belegen.

Tipp

Anstatt der Zwetschgen eignet sich für den Teig auch anderes Steinobst, zum Beispiel Pflaumen, Aprikosen, Pfirsiche, Kirschen oder Nektarinen.

HERBST

APFEL-ZIMT-GUGELHUPF

DU BRAUCHST …

200 g weiche Butter

130 g brauner Zucker

1 Päckchen Bourbon-Vanillezucker

3 Eier, Größe M

2 EL Rum oder 4 Tropfen Rumaroma

120 ml Milch

320 g Dinkelmehl Type 630

1 Päckchen Backpulver

1 TL gemahlener Zimt

1 Prise Meersalz

1 großer säuerlicher Apfel (ca. 200 g)

Butter für die Form

Semmelbrösel oder Paniermehl

FÜR DIE FÜLLUNG

50 g Butter

50 g brauner Zucker

1 ½ EL gemahlener Zimt

1 EL Dinkelmehl Type 630

1 EL gemahlene Mandeln

SO GEHT'S …

1. Den Backofen auf 180 °C Ober-/Unterhitze vorheizen. Butter, Zucker und Vanillezucker in einer Schüssel mit dem Handrührgerät 5 Minuten aufschlagen. Anschließend die Eier nach und nach unterrühren. Den Rum und die Milch ebenfalls untermischen.

2. Mehl in einer Schüssel mit Backpulver und Zimt vermengen, über die Eimasse sieben und Salz hinzufügen. Den Apfel schälen, achteln, vom Kerngehäuse befreien und in dünne Stückchen schneiden. Zum Teig geben und alles zügig verrühren.

3. Für die Füllung die Butter in einem Topf schmelzen und mit den restlichen Zutaten in einer Schüssel zu Zimtstreuseln verrühren. Eine Gugelhupf-Form mit Butter einfetten und mit Semmelbröseln bestäuben. Die Hälfte des Teigs in die Form füllen. Die Zimtstreusel auf dem Teig verteilen, den restlichen Teig daraufgeben und glatt streichen.

4. Den Gugelhupf im Backofen 45–50 Minuten backen. Kuchen aus dem Ofen nehmen und 10–15 Minuten in der Form auskühlen lassen. Dann aus der Form lösen und auf einem Kuchengitter erkalten lassen.

5. Für den Karamellguss den 100 g weißen Zucker in einem hohen Topf oder einer hohen Pfanne schmelzen. Sobald der Zucker hellbraun wird, 1 EL Butter einrühren und den Topf/die Pfanne von der Herdplatte ziehen. 50 ml Sahne untermischen und Guss etwas abkühlen lassen. Über dem Kuchen verteilen und fest werden lassen.

Tipp

Anstatt des Karamellgusses kann man auch eine Mischung aus Puderzucker und gemahlenem Zimt über den Kuchen stäuben.

LENIS LIEBLINGS-NUSS-GUGELHUPF

DU BRAUCHST …

200 g weiche Butter

150 g Zucker

1 Päckchen Bourbon-Vanillezucker

4 Eier, Größe M

2 EL Rum oder Rumaroma

3 EL Milch

250 g Dinkelmehl Type 630

1 Päckchen Backpulver

1 TL gemahlener Zimt

1 Prise Meersalz

100 g gemahlene Haselnüsse

70 g gemahlene oder gehackte Walnüsse

100 g gemahlene Mandeln

Butter für die Form

Semmelbrösel oder Paniermehl

ZUM GARNIEREN

100 g Zartbitterschokolade (70 % Kakaoanteil)

200 ml Sahne

1–2 EL ganze oder grob gehackte Haselnüsse und Walnüsse

SO GEHT'S …

1. Den Backofen auf 180 °C Ober-/Unterhitze vorheizen. Butter, Zucker und Vanillezucker in einer Schüssel mit dem Handrührgerät 5 Minuten aufschlagen. Anschließend die Eier nach und nach unterrühren. Den Rum und die Milch ebenfalls untermischen. Das Mehl in einer Schüssel mit dem Backpulver und dem Zimt vermengen, über die Eimasse sieben und Salz, Nüsse und Mandeln hinzufügen. Alles zügig zu einem Teig verrühren.

2. Eine Gugelhupf-Form mit Butter einfetten und mit Semmelbröseln bestäuben.Den Teig in die Form füllen, glatt streichen und im Backofen 45–50 Minuten backen. Gugelhupf aus dem Ofen nehmen und 10–15 Minuten in der Form auskühlen lassen. Dann aus der Form lösen und auf einem Kuchengitter vollständig erkalten lassen.

3. Für die Garnitur die Schokolade in Stücke brechen, gemeinsam mit der Sahne in einen kleinen Topf geben und so lange erwärmen (nicht kochen!), bis die Schokolade geschmolzen ist. Dabei mit einem Schneebesen rühren, damit die Schokolade nicht am Topfboden anbrennt.

4. Die Schokoladencreme abkühlen lassen und anschließend in einen Spritzbeutel mit Sterntülle füllen. Ist die Creme zu fest, erst mit dem Handrührgerät kurz aufschlagen. Creme mit dem Spritzbeutel auf den Kuchen spritzen, mit Nüssen garnieren und fest werden lassen.

Tipp

Wenn man die Nüsse und Mandeln für den Teig vor der Verarbeitung kurz in einer beschichteten Pfanne ohne Fett anröstet, intensiviert sich der Nussgeschmack.

BANANEN-GUGELHUPF MIT BOURBON-KARAMELL-GUSS

DU BRAUCHST ...

2 reife Bananen

100 g weiche Butter

100 g Zucker

1 Päckchen Bourbon-Vanillezucker

2 Eier, Größe M

50 ml Milch

250 g Dinkelmehl Type 630

1 Päckchen Backpulver

1 Prise Meersalz

50 g blütenzarte Haferflocken

100 g backfeste Schokoladendrops

Butter für die Form

Semmelbrösel oder Paniermehl

FÜR DEN GUSS

120 g brauner Zucker

50 g Butter

70 ml Sahne

40 ml Bourbon-Whiskey

SO GEHT'S ...

1. Den Backofen auf 180 °C Ober-/Unterhitze vorheizen. Die Bananen schälen und auf einem Teller mit einer Gabel zerdrücken. Butter, Zucker und Vanillezucker in einer Schüssel mit dem Handrührgerät 5 Minuten aufschlagen. Anschließend die Eier nach und nach unterrühren. Die Milch ebenfalls untermischen.

2. Das Mehl in einer Schüssel mit dem Backpulver vermengen, über die Eimasse sieben und das Salz sowie die Haferflocken hinzufügen. Die zerdrückten Bananen und die Schokoladendrops ebenso dazugeben und alles zügig verrühren.

3. Eine Gugelhupf-Form mit Butter einfetten und mit Semmelbröseln bestäuben. Den Teig in die Form füllen, glatt streichen und im Backofen 45–50 Minuten backen. Den Gugelhupf aus dem Ofen nehmen und 10–15 Minuten in der Form auskühlen lassen. Dann aus der Form lösen und auf einem Kuchengitter vollständig erkalten lassen.

4. Für den Karamellguss den Zucker in einem hohen Topf oder einer hohen Pfanne schmelzen. Sobald der Zucker hellbraun wird, die Butter einrühren und den Topf/die Pfanne von der Herdplatte ziehen. Sahne und Whiskey untermischen und den Guss etwas abkühlen lassen. Über dem Kuchen verteilen und fest werden lassen.

Tipp

Anstatt des Karamellgusses kann man den Kuchen auch mit geschmolzener Schokoladenkuvertüre überziehen. Wer das Karamell gerne salzig mag, kann noch 1 Prise Meersalz in den Guss geben.

COOKIE-GUGELHUPF

DU BRAUCHST ...

80 g Doppeldeckerkekse mit Nuss-Nougat-Füllung

230 g weiche Butter

110 g Zucker

1 Päckchen Bourbon-Vanillezucker

4 Eier, Größe M

150 g Crème fraîche

200 g Dinkelmehl Type 630

1 Päckchen Backpulver

1 Prise Meersalz

50 g backfeste Schokoladendrops

100 g gemahlene Haselnüsse

Butter für die Form

Semmelbrösel oder Paniermehl

ZUM GARNIEREN

150 g Vollmilch- oder Zartbitterkuvertüre

1 EL backfeste Schokoladendrops

SO GEHT'S ...

1. Den Backofen auf 180 °C Ober-/Unterhitze vorheizen. Die Kekse in grobe Stücke brechen. Butter, Zucker und Vanillezucker in einer Schüssel mit dem Handrührgerät 5 Minuten aufschlagen. Anschließend die Eier nach und nach unterrühren. Die Crème fraîche ebenfalls untermischen.

2. Das Mehl in einer Schüssel mit dem Backpulver vermengen und über die Eimasse sieben. Salz, Schokoladendrops, Keksstücke und Haselnüsse zum Teig geben und alles zügig verrühren.

3. Gugelhupf-Form mit Butter einfetten und mit Semmelbröseln bestäuben. Den Teig in die Form füllen, glatt streichen und im Backofen 45–50 Minuten backen. Den Gugelhupf aus dem Ofen nehmen und 10–15 Minuten in der Form auskühlen lassen. Dann aus der Form lösen und auf einem Kuchengitter vollständig erkalten lassen.

4. Die Kuvertüre grob zerkleinern und in einer Schüssel im heißen Wasserbad schmelzen, über den Kuchen gießen und den Gugelhupf mit Schokoladendrops verzieren. Den Guss vor dem Servieren fest werden lassen.

Tipp

Wer will, kann den Gugelhupf nach Belieben auch noch mit Keksen garnieren.

ERDNUSSBUTTER-MARMOR-GUGELHUPF

DU BRAUCHST …

200 g weiche Butter

150 g Zucker

2 Päckchen Bourbon-Vanillezucker

4 Eier, Größe M

150 ml + 1 EL Sahne

300 g Dinkelmehl Type 630

1 Päckchen Backpulver

1 Prise Meersalz

1 EL ungesüßtes Kakaopulver

2 EL cremige Erdnussbutter

Butter für die Form

Semmelbrösel oder Paniermehl

ZUM GARNIEREN

150 g Vollmilch- oder Zartbitterkuvertüre

ungesalzene Erdnüsse

Schokoladen-Erdnussbutter-Konfekt

SO GEHT'S …

1. Den Backofen auf 180 °C Ober-/Unterhitze vorheizen. Butter, Zucker und Vanillezucker in einer Schüssel mit dem Handrührgerät 5 Minuten aufschlagen. Anschließend die Eier nach und nach unterrühren. 150 ml Sahne ebenfalls untermischen.

2. Das Mehl in einer Schüssel mit dem Backpulver und dem Salz vermengen, über die Eimischung sieben und zügig einarbeiten. $^{1}/_{3}$ des Teigs in eine zweite Schüssel umfüllen, mit dem Kakaopulver und dem Esslöffel Sahne vermischen. Die Erdnussbutter in den hellen Teig einrühren.

3. Eine Gugelhupf-Form mit Butter einfetten und mit Semmelbröseln bestäuben. Nun ein paar Esslöffel Erdnussbutter-Teig in die Form füllen, dann eine dünne Schicht Kakao-Teig daraufstreichen. Den restlichen Erdnussbutter-Teig und schließlich den restlichen Kakao-Teig obenauf geben.

4. Teig glatt streichen und Kuchen im Backofen 45–50 Minuten backen. Den Gugelhupf aus dem Ofen nehmen und 10–15 Minuten in der Form auskühlen lassen. Dann aus der Form lösen und auf einem Kuchengitter vollständig erkalten lassen.

5. Die Kuvertüre grob zerkleinern, in einer Schüssel im heißen Wasserbad schmelzen und über den Kuchen gießen. Den Gugelhupf mit gehackten Erdnüssen und Konfekt garnieren. Die Schokolade vor dem Servieren fest werden lassen.

Tipp

Für das Topping kann man auch gesalzene Erdnüsse verwenden.

WALNUSS-GUGELHUPF

DU BRAUCHST …

250 g weiche Butter

110 g Zucker

1 Päckchen Bourbon-Vanillezucker

4 Eier, Größe M

200 g saure Sahne

300 g Dinkelmehl Type 630

1 Päckchen Backpulver

1 Prise Meersalz

Butter für die Form

Semmelbrösel oder Paniermehl

FÜR DIE FÜLLUNG

100 g gehackte Walnüsse

50 g brauner Zucker

1 ½ EL gemahlener Zimt

1 EL geriebene Zartbitterschokolade oder -stückchen

ZUM GARNIEREN

2–3 EL Puderzucker

ca. 2 EL Walnusshälften

SO GEHT'S …

1. Den Backofen auf 180 °C Ober-/Unterhitze vorheizen. Butter, Zucker und Vanillezucker in einer Schüssel mit dem Handrührgerät 5 Minuten aufschlagen. Anschließend die Eier nach und nach unterrühren. Die saure Sahne ebenfalls untermischen.

2. Das Mehl in einer Schüssel mit dem Backpulver vermengen, über die Eimasse sieben und das Salz hinzufügen. Alles rasch zu einem Teig verarbeiten.

3. Für die Füllung die Zutaten in einer Schüssel miteinander verrühren. Eine Gugelhupf-Form mit Butter einfetten und mit Semmelbröseln bestäuben.

4. Die Hälfte des Teigs in die Form füllen. Die Walnussfüllung darauf verteilen und den restlichen Teig daraufgeben. Teig glatt streichen und im Backofen 45–50 Minuten backen.

5. Den Gugelhupf aus dem Ofen nehmen und 10–15 Minuten in der Form auskühlen lassen. Dann aus Form lösen und auf einem Kuchengitter vollständig erkalten lassen. Gugelhupf mit Puderzucker bestreuen und mit Walnusshälften belegen.

Tipp

Anstatt der gehackten Walnüsse für die Füllung eignen sich auch gehackte Pekannüsse.

KÜRBIS-GUGELHUPF

DU BRAUCHST ...

250 g Hokkaido-Kürbis

4 Eier, Größe M

130 g Zucker

1 Päckchen Bourbon-Vanillezucker

175 g neutrales Pflanzenöl

250 g Dinkelmehl Type 630

1 Päckchen Backpulver

2 TL gemahlener Zimt

½ TL gemahlener Kardamom

½ TL gemahlener Ingwer

1 Msp. gemahlene Nelken

1 Msp. gemahlener Piment

100 g gehackte Mandeln

100 g gemahlene Mandeln

1 Prise Meersalz

Butter für die Form

Semmelbrösel oder Paniermehl

ZUM GARNIEREN

2–3 EL Puderzucker

SO GEHT'S ...

1. Den Backofen auf 180 °C Ober-/Unterhitze vorheizen. Den Kürbis waschen, in Spalten schneiden, entkernen und mit einer Handreibe fein reiben. Eier, Zucker und Vanillezucker in einer Schüssel mit dem Handrührgerät 5 Minuten aufschlagen. Anschließend das Öl in einem dünnen Strahl unter Rühren zugießen und untermischen.

2. Das Mehl in einer Schüssel mit dem Backpulver und den Gewürzen vermengen, über die Eimischung sieben und zügig in den Teig einarbeiten. Danach die Mandeln, das Salz und den Kürbis unterheben.

3. Eine Gugelhupf-Form mit Butter einfetten und mit Semmelbröseln bestäuben.Den Teig in die Form füllen, glatt streichen und im Backofen 40–45 Minuten backen.

4. Den Gugelhupf aus dem Ofen nehmen und 10–15 Minuten in der Form auskühlen lassen. Dann aus der Form lösen, auf einem Kuchengitter vollständig erkalten lassen und mit Puderzucker bestäuben.

Hinweis

Dieser Kuchen ist glutenfrei!

MARONEN-GUGELHUPF

DU BRAUCHST …

100 g Zartbitterschokolade (70 % Kakaoanteil)

250 g weiche Butter

130 g Zucker

1 Päckchen Bourbon-Vanillezucker

4 Eier, Größe M

2 EL Kirschwasser

150 g Maronencreme

250 g Dinkelmehl Type 630

1 Päckchen Backpulver

1 Prise Meersalz

100 g gemahlene Mandeln

Butter für die Form

Semmelbrösel oder Paniermehl

ZUM GARNIEREN

2–3 EL Puderzucker

SO GEHT'S …

1. Den Backofen auf 180 °C Ober-/Unterhitze vorheizen. Die Schokolade in Stücke brechen und in einer Schüssel im heißen Wasserbad schmelzen. Auf Zimmertemperatur abkühlen lassen.

2. Butter, Zucker und Vanillezucker in einer Schüssel mit dem Handrührgerät 5 Minuten aufschlagen. Anschließend die Eier nach und nach unterrühren. Das Kirschwasser und die Maronencreme ebenfalls untermischen.

3. Das Mehl in einer Schüssel mit dem Backpulver vermengen, über die Eimasse sieben, das Salz und die Mandeln hinzufügen. Die Schokolade dazugeben und alles zügig zu einem Teig verrühren.

4. Eine Gugelhupf-Form mit Butter einfetten und mit Semmelbröseln bestäuben. Den Teig in die Form füllen, glatt streichen und im Backofen 45–50 Minuten backen.

5. Den Gugelhupf aus dem Ofen nehmen und 10–15 Minuten in der Form auskühlen lassen. Dann aus der Form lösen, auf einem Kuchengitter vollständig erkalten lassen und mit Puderzucker bestreuen.

Tipp

Maronencreme kann man in gut sortierten Supermärkten fertig kaufen. Man kann sie aber auch leicht selbst herstellen. Dazu 250 g gekochte Maronen, 70 g Puderzucker, 50 ml Wasser und 1 EL Kirschwasser in einem Mixer fein pürieren. Wenn etwas Maronenpüree übrig bleibt, hält es sich verschlossen im Kühlschrank ca. vier Tage.

ROTE-BETE-GUGELHUPF

DU BRAUCHST …

150 g vorgegarte Rote Bete

3 Eier, Größe M

150 g Rohrohrzucker

1 Päckchen Bourbon-Vanillezucker

180 ml neutrales Pflanzenöl

1 Bio-Orange

200 g Buchweizenmehl

1 Päckchen Backpulver

25 g ungesüßtes Kakaopulver

1 TL gemahlener Zimt

1 Prise Meersalz

50 g gehackte Walnüsse

Butter für die Form

Semmelbrösel oder Paniermehl

ZUM GARNIEREN

125 g Puderzucker

2–3 EL Rote-Bete-Saft

Schokoladenspäne

SO GEHT'S …

1. Den Backofen auf 180 °C Ober-/Unterhitze vorheizen. Die Rote Bete entweder in kleine Stücke schneiden oder mit einer Handreibe grob reiben. Eier, Zucker und Vanillezucker in einer Schüssel mit dem Handrührgerät 5 Minuten aufschlagen. Anschließend das Öl in einem dünnen Strahl unter Rühren zugießen und untermischen.

2. Die Orange waschen, abtrocknen und 1 TL Schale fein abreiben. Das Mehl in einer Schüssel mit dem Backpulver, dem Kakaopulver und dem Zimt vermengen, über die Eimischung sieben und mit dem Salz, den Walnüssen und dem Orangenabrieb in den Teig einarbeiten. Danach die Rote Bete unterheben.

3. Eine Gugelhupf-Form mit Butter einfetten und mit Semmelbröseln bestäuben. Den Teig in die Form füllen, glatt streichen und im Backofen 45–50 Minuten backen.

4. Den Gugelhupf aus dem Ofen nehmen und 10–15 Minuten in der Form abkühlen lassen. Dann aus der Form lösen und auf einem Kuchengitter vollständig erkalten lassen.

5. Aus dem Puderzucker und dem Rote-Bete-Saft in einer Schüssel einen glatten Guss anrühren, diesen über dem Gugelhupf verteilen und fest werden lassen. Den Kuchen mit Schokoladenspänen bestreuen.

RUSSISCHER APFEL-GUGELHUPF

DU BRAUCHST ...

300 g Äpfel

250 g weiche Butter

150 g Zucker

1 Päckchen Bourbon-Vanillezucker

4 Eier, Größe M

2 EL Rum oder 4 Tropfen Rumaroma

250 g Dinkelmehl Type 630

1 Päckchen Backpulver

40 g ungesüßtes Kakaopulver

2 TL gemahlener Zimt

1 Msp. gemahlene Nelken

1 Prise Meersalz

100 g gemahlene Haselnüsse

Butter für die Form

Semmelbrösel oder Paniermehl

ZUM GARNIEREN

2–3 EL Puderzucker

SO GEHT'S ...

1. Den Backofen auf 180 °C Ober-/Unterhitze vorheizen. Die Äpfel schälen, vierteln und vom Kerngehäuse befreien. Auf einer Handreibe grob raspeln.

2. Butter, Zucker und Vanillezucker in einer Schüssel mit dem Handrührgerät 5 Minuten aufschlagen. Anschließend die Eier nach und nach unterrühren. Den Rum bzw. das Rumaroma ebenfalls untermischen.

3. Das Mehl in einer Schüssel mit dem Backpulver, dem Kakaopulver, Zimt und Nelken vermengen, über die Eimasse sieben und das Salz und die Nüsse hinzufügen. Die Apfelraspel dazugeben und alles zügig verrühren.

4. Eine Gugelhupf-Form mit Butter einfetten und mit Semmelbröseln bestäuben. Den Teig in die Form füllen, glatt streichen und im Backofen 45–50 Minuten backen.

5. Den Gugelhupf aus dem Ofen nehmen und 10–15 Minuten in der Form auskühlen lassen. Dann aus der Form lösen, auf einem Kuchengitter vollständig erkalten lassen und mit Puderzucker bestreut servieren.

Tipp

Wer es etwas schokoladiger mag, kann den Gugelhupf anstatt mit Puderzucker mit geschmolzener Schokoladenkuvertüre garnieren.

GETRÄNKTER WEINTRAUBEN-GUGELHUPF

DU BRAUCHST …

200 g kernlose Weintrauben

4 Eier, Größe M

150 g Zucker

1 Päckchen Bourbon-Vanillezucker

180 ml neutrales Pflanzenöl

50 ml Apfelsaft

300 g Dinkelmehl Type 630

1 Päckchen Backpulver

1 Prise Meersalz

Butter für die Form

Semmelbrösel oder Paniermehl

ZUM BEPINSELN

60 ml Apfelsaft

1 EL Zitronensaft

35 g Zucker

1 Zimtstange

2 Gewürznelken

1 EL Orangenlikör

SO GEHT'S …

1. Den Backofen auf 180 °C Ober-/Unterhitze vorheizen. Die Weintrauben verlesen und waschen. Eier, Zucker und Vanillezucker mit dem Handrührgerät 5 Minuten aufschlagen. Das Öl in einem dünnen Strahl unter Rühren zugießen. Den Apfelsaft unterrühren.

2. Das Mehl in einer Schüssel mit dem Backpulver vermengen, über die Eimischung sieben und mit dem Salz in den Teig einarbeiten. Danach die Weintrauben unterheben. Die Form einfetten und mit Semmelbröseln bestäuben. Den Teig in die Form füllen, glatt streichen und im Backofen 45–50 Minuten backen.

3. In der Zwischenzeit die Flüssigkeit zum Bepinseln vorbereiten. Dazu Apfelsaft, Zitronensaft, Zucker, Zimtstange, Nelken und Likör in einen Topf geben, 5 Minuten köcheln lassen und anschließend 10 Minuten ohne weitere Wärmezufuhr ziehen lassen. Die Gewürze entfernen und die Flüssigkeit abkühlen lassen.

4. Den Gugelhupf aus dem Ofen nehmen. Sofort mit einem Holzstäbchen ein paar Mal in den Kuchen stechen und ihn mit der Flüssigkeit bepinseln. Den Gugelhupf 10–15 Minuten in der Form auskühlen lassen. Dann aus der Form lösen und erkalten lassen.

5. Aus 125 g Puderzucker und 2-3 EL Apfelsaft in einer Schüssel einen glatten Guss anrühren, diesen über dem Gugelhupf verteilen und fest werden lassen. Kuchen nach Belieben mit Weintrauben, geviertelten Feigen und Brombeeren garnieren.

Tipp

Anstatt des Apfelsaftes kann man auch Weißwein nehmen. Der Orangenlikör in der Flüssigkeit zum Bepinseln ist durch 1 EL Apfelsaft ersetzbar.

BIRNE-HELENE-GUGELHUPF

DU BRAUCHST …

100 g Zartbitterschokolade (70 % Kakaoanteil)

200 g Birnen

3 Eier, Größe M

1 Prise Meersalz

250 g weiche Butter

150 g Zucker

1 Päckchen Bourbon-Vanillezucker

150 ml Sahne

2 EL Birnengeist oder Rum

200 g Dinkelmehl Type 630

3 EL ungesüßtes Kakaopulver (ca. 30 g)

1 Päckchen Backpulver

Butter für die Form

Semmelbrösel oder Paniermehl

ZUM GARNIEREN

2–3 EL Puderzucker

kleine Birnen

SO GEHT'S …

1. Den Backofen auf 180 °C Ober-/Unterhitze vorheizen. Die Schokolade in Stücke brechen und in einer Schüssel im heißen Wasserbad schmelzen. Auf Raumtemperatur abkühlen lassen. Birnen schälen, vom Kerngehäuse befreien und in kleine Stücke schneiden. Eier trennen. Die Eigelbe in einer Schüssel zur Seite stellen. Eiweiß mit Salz in eine Schüssel geben und mit dem Handrührgerät zu Eischnee schlagen.

2. Butter, Zucker und Vanillezucker in einer Schüssel mit dem Handrührgerät 5 Minuten aufschlagen. Anschließend die Eigelbe nach und nach unterrühren. Die Sahne und den Birnengeist ebenfalls untermischen.

3. Das Mehl in einer Schüssel mit Kakaopulver und Backpulver vermengen und über die Eimasse sieben. Die geschmolzene Schokolade und die Birnenstückchen zum Teig geben und alles zügig verrühren. Nun den Eischnee unterheben.

4. Eine Gugelhupf-Form mit Butter einfetten und mit Semmelbröseln bestäuben. Den Teig in die Form füllen, glatt streichen und im Backofen 45–50 Minuten backen.

5. Den Gugelhupf aus dem Ofen nehmen und 10–15 Minuten in der Form auskühlen lassen. Dann aus der Form lösen und auf einem Kuchengitter vollständig erkalten lassen. Gugelhupf mit Puderzucker bestreuen und nach Belieben mit Birnen garnieren.

WINTER

BRATAPFEL-GUGELHUPF

DU BRAUCHST …

1 großer säuerlicher Apfel (ca. 200 g)

200 g weiche Butter

125 g Zucker

1 Päckchen Bourbon-Vanillezucker

4 Eier, Größe M

2 EL Rum oder 4 Tropfen Rumaroma

80 g geriebenes Rohmarzipan

½ Bio-Zitrone

200 g Dinkelmehl Type 630

1 Päckchen Backpulver

1 TL gemahlener Ceylon-Zimt

1 Msp. gemahlene Nelken

80 g gehackte Walnüsse

1 Prise Meersalz

Butter für die Form

Semmelbrösel oder Paniermehl

FÜR DEN GUSS

150 g weiße Kuvertüre

SO GEHT'S …

1. Den Backofen auf 180 °C Ober-/Unterhitze vorheizen. Den Apfel schälen, vierteln und vom Kerngehäuse befreien. Mit einer Handreibe grob raspeln. Butter, Zucker und Vanillezucker in einer Schüssel mit dem Handrührgerät 5 Minuten aufschlagen. Anschließend die Eier nach und nach unterrühren. Den Rum und das geriebene Marzipan ebenfalls untermischen. Die Zitrone waschen, abtrocknen und die Schale abreiben.

2. Das Mehl in einer Schüssel mit dem Backpulver, dem Zimt und dem Nelkenpulver vermengen und über die Eimasse sieben. Anschließend die Walnüsse, das Salz, den Zitronenabrieb und die Apfelraspel zum Teig geben und alles zügig unterrühren.

3. Eine Gugelhupf-Form mit Butter einfetten und mit Semmelbröseln bestäuben. Den Teig in die Form füllen, glatt streichen und im Backofen 45–50 Minuten backen.

4. Den Gugelhupf aus dem Ofen nehmen und 10–15 Minuten in der Form auskühlen lassen. Dann aus der Form lösen und auf einem Kuchengitter vollständig erkalten lassen.

5. Die Kuvertüre grob zerkleinern und in einer Schüssel im heißen Wasserbad schmelzen. Kurz abkühlen lassen, dann über dem Kuchen verteilen. Gugelhupf nach Belieben mit Apfelspalten, Zimtsternen, Cranberrys, Nüssen, Zimtstangen und Sternanis garnieren.

Tipp

Wer mag, kann noch 50 g in Rum eingelegte Rosinen in den Teig geben.

CHAI-GUGELHUPF

DU BRAUCHST …

180 ml Milch

40 g Chai-Latte-Pulver oder
2 Beutel Chai-Tee

160 g weiche Butter

110 g brauner Zucker

1 Päckchen Bourbon-Vanillezucker

4 Eier, Größe M

325 g Dinkelmehl Type 630

1 Päckchen Backpulver

1 Prise Meersalz

Butter für die Form

Semmelbrösel oder Paniermehl

FÜR DIE FÜLLUNG

300 ml Sahne

1 Päckchen Bourbon-Vanillezucker

1 EL Zucker

½ TL gemahlener Zimt

SO GEHT'S …

1. Die Milch in einem Topf erwärmen und das Chai-Latte-Pulver darin auflösen bzw. den Tee darin ziehen lassen. Die Milch abkühlen lassen. Den Backofen auf 180 °C Ober-/Unterhitze vorheizen. Butter, Zucker und Vanillezucker in einer Schüssel mit dem Handrührgerät 5 Minuten aufschlagen. Anschließend die Eier nach und nach unterrühren. Die abgekühlte Milch untermischen.

2. Das Mehl in einer Schüssel mit dem Backpulver vermengen, über die Eimischung sieben und mit dem Salz rasch unter den Teig rühren.

3. Eine Gugelhupf-Form mit Butter einfetten und mit Semmelbröseln bestäuben. Den Teig in die Form füllen, glatt streichen und im Backofen 45–50 Minuten backen.

4. Den Kuchen aus dem Ofen nehmen und 10–15 Minuten in der Form abkühlen lassen. Dann aus der Form lösen, auf ein Kuchengitter setzen und vollständig erkalten lassen.

5. Für die Füllung die Sahne mit Vanillezucker, Zucker und dem Zimt in eine Schüssel geben und mit dem Handrührgerät steif schlagen. Dann in einen Spritzbeutel mit Lochtülle füllen. Den Kuchen waagerecht mit einem langen Messer teilen. Sahnecreme auf die untere Hälfte des Gugelhupfs aufspritzen und dann das obere Kuchenstück aufsetzen.

Tipp

Wer einen intensiveren Chai-Geschmack wünscht, kann aus 125 g Puderzucker und 2–3 EL gewürzter Chaimilch (siehe Schritt 1) einen Guss anrühren. Dafür insgesamt ca. 200 ml Milch (mit der Milch aus Schritt 1) verwenden.

CHAMPAGNER-GUGELHUPF

DU BRAUCHST ...

200 g weiche Butter

150 g Zucker

1 Päckchen Bourbon-Vanillezucker

4 Eier, Größe M

200 g Dinkelmehl Type 630

1 Päckchen Backpulver

60 g gemahlene Mandeln

½ Bio-Zitrone

100 g getrocknete Cranberrys

1 Prise Meersalz

ZUM BEPINSELN

70 ml Champagner

1 EL Wasser

35 g Zucker

1 Zimtstange

ZUM GARNIEREN

2–3 EL Champagner

125 g Puderzucker

gezuckerte Cranberrys (siehe Tipp)

SO GEHT'S ...

1. Den Backofen auf 180 °C Ober-/Unterhitze vorheizen. Butter, Zucker und Vanillezucker in einer Schüssel mit dem Handrührgerät 5 Minuten aufschlagen. Anschließend die Eier nach und nach unterrühren.

2. Das Mehl in einer Schüssel mit dem Backpulver und den gemahlenen Mandeln vermengen und über die Eimasse sieben. Die Zitrone waschen, abtrocknen und die Schale abreiben. Den Zitronenabrieb, die Cranberrys und das Salz zum Teig geben und alles zügig verrühren.

3. Den Teig in die gefettete und bemehlte Form füllen, glatt streichen und 45–50 Minuten backen. In der Zwischenzeit die Flüssigkeit zum Bepinseln vorbereiten. Dazu Champagner, Wasser, Zucker und Zimtstange in einen Topf geben und einmal aufkochen lassen. Anschließend 10 Minuten ohne weitere Wärmezufuhr ziehen lassen. Die Zimtstange entfernen und die Flüssigkeit abkühlen lassen.

4. Den Gugelhupf aus dem Ofen nehmen und sofort mit einem Holzstäbchen ein paar Mal hineinstechen. Kuchen mit der Flüssigkeit bepinseln. Den Gugelhupf 10–15 Minuten in der Form auskühlen lassen, dann aus der Form lösen und erkalten lassen.

5. Für den Guss in einer Schüssel Champagner und Puderzucker glatt rühren. Den Guss über dem Kuchen verteilen, fest werden lassen und den Gugelhupf mit gezuckerten Cranberrys garnieren.

Tipp für gezuckerte Cranberrys

65 ml Wasser mit 150 g Zucker in einem Topf verrühren und kochen, bis sich der Zucker aufgelöst hat. Auf Raumtemperatur abkühlen lassen. 125 g Cranberrys in den Sirup geben und mind. 2 Stunden ziehen lassen. Cranberrys aus dem Sirup nehmen, abtropfen lassen und in 75 g Zucker wälzen.

CHRISTSTOLLEN-GUGELHUPF

DU BRAUCHST ...

75 g Rosinen

5 EL Rum

4 Eier, Größe M

200 g weiche Butter

150 g Zucker

2 Päckchen Bourbon-Vanillezucker

200 g Quark (Magerquark oder Quark mit 20 % Fett)

250 g Dinkelmehl Type 630

1 Päckchen Backpulver

1 Prise gemahlener Kardamom

100 g gemahlene Mandeln

75 g Orangeat

75 g Zitronat

1 Prise Meersalz

Butter für die Form

Semmelbrösel oder Paniermehl

FÜR DEN GUSS

2–3 EL Puderzucker

kandierte Orangenscheiben

1 EL Orangeat und Zitronat gemischt

SO GEHT'S ...

1. Die Rosinen in einer Schüssel im Rum einweichen und mindestens vier Stunden, am besten einen Tag ziehen lassen. Den Backofen auf 180 °C Ober-/Unterhitze vorheizen. Die Eier trennen. Das Eigelb in einer Schüssel beiseitestellen. Das Eiweiß in einer Schüssel mit dem Handrührgerät steif schlagen.

2. Butter, Zucker und Vanillezucker in einer Schüssel mit dem Handrührgerät 5 Minuten aufschlagen. Anschließend die Eigelbe nach und nach unterrühren. Den Quark ebenfalls untermischen.

3. Das Mehl in einer Schüssel mit dem Backpulver sowie dem Kardamom vermengen und über die Eimasse sieben. Mandeln, Orangeat, Zitronat, Salz, Rumrosinen und zum Schluss den Eischnee hinzufügen und alles zügig verrühren.

4. Eine Gugelhupf-Form mit Butter einfetten und mit Semmelbröseln bestäuben. Den Teig in die Form füllen, glatt streichen und im Backofen 45–50 Minuten backen.

5. Den Gugelhupf aus dem Ofen nehmen und 10–15 Minuten in der Form auskühlen lassen. Dann aus der Form lösen und auf einem Kuchengitter vollständig erkalten lassen. Mit Puderzucker bestreuen und mit halbierten Orangenscheiben und der Zitronat-Orangeat-Mischung garnieren.

Tipp

Für ein besonders weihnachtliches Aroma 1–2 TL Christstollengewürz in den Teig geben. Wer mag, kann die Mandeln auch durch Walnüsse ersetzen.

GLÜHWEIN-GUGELHUPF

DU BRAUCHST …

250 g weiche Butter

150 g Zucker

1 Päckchen Bourbon-Vanillezucker

4 Eier, Größe M

125 ml Rotwein

2 EL Rum oder 4 Tropfen Rumaroma

1 Bio-Orange

200 g Dinkelmehl Type 630

1 Päckchen Backpulver

2 EL ungesüßtes Kakaopulver (ca. 20 g)

1 TL gemahlener Zimt

1 Msp. gemahlene Nelken

50 g gemahlene Haselnüsse

50 g Schokoladenstreusel

1 Prise Meersalz

Butter für die Form

Semmelbrösel oder Paniermehl

ZUM GARNIEREN

125 g Puderzucker

2–3 EL Granatapfelsaft

2–3 EL Granatapfelkerne

SO GEHT'S …

1. Den Backofen auf 180 °C Ober-/Unterhitze vorheizen. Butter, Zucker und Vanillezucker in einer Schüssel mit dem Handrührgerät 5 Minuten aufschlagen. Anschließend die Eier nach und nach unterrühren. Rotwein und Rum bzw. Rumaroma dazugeben und untermischen.

2. Die Orange waschen, abtrocknen und die Schale fein abreiben. Das Mehl in einer Schüssel mit dem Backpulver, dem Kakao und den Gewürzen vermengen, über die Eimischung sieben und mit den Nüssen, dem Orangenabrieb, den Schokoladenstreuseln (Zartbitter- oder Vollmilchschokolade) und dem Salz rasch mit dem Teig verrühren.

3. Eine Gugelhupf-Form mit Butter einfetten und mit Semmelbröseln bestäuben. Den Teig in die Form füllen, glatt streichen und im Backofen 45–50 Minuten backen.

4. Den Kuchen aus dem Ofen nehmen und 10–15 Minuten in der Form abkühlen lassen. Aus der Form lösen und auf einem Kuchengitter komplett erkalten lassen.

5. Aus dem Puderzucker und dem Granatapfelsaft in einer Schüssel einen glatten Guss anrühren. Den Guss über dem Kuchen verteilen und fest werden lassen. Den Gugelhupf mit Granatapfelkernen bestreuen.

Tipp

Statt des Rotweins kann auch Glühwein verwendet werden. Für einen klassischen Rotwein-Gugelhupf lässt man die Gewürze weg.

LEBKUCHEN-GUGELHUPF

DU BRAUCHST ...

100 g Zartbitterschokolade (70 % Kakaoanteil)

350 g entsteinte Sauerkirschen aus dem Glas

180 g weiche Butter

100 g brauner Zucker

1 Päckchen Bourbon-Vanillezucker

1 EL Honig

4 Eier, Größe M

2 EL Rum oder 4 Tropfen Rumaroma

50 ml Milch

180 g Dinkelmehl Type 630

1 Päckchen Backpulver

1–2 EL Lebkuchengewürz

1 Prise Meersalz

150 g gemahlene Mandeln

Butter für die Form

Semmelbrösel oder Paniermehl

ZUM GARNIEREN

125 g Puderzucker

2–3 EL frischen Orangensaft oder Milch

SO GEHT'S ...

1. Den Backofen auf 180 °C Ober-/Unterhitze vorheizen. Die Schokolade in Stücke brechen und in einer Schüssel im heißen Wasserbad schmelzen. Auf Zimmertemperatur abkühlen lassen. Die Kirschen in einem Sieb abtropfen lassen. Butter, Zucker, Vanillezucker und Honig in einer Schüssel mit dem Handrührgerät 5 Minuten aufschlagen. Anschließend die Eier nach und nach unterrühren.

2. Den Rum und die Milch ebenfalls untermischen. Das Mehl in einer Schüssel mit dem Backpulver und dem Lebkuchengewürz vermengen, über die Eimasse sieben, das Salz und die Mandeln hinzufügen. Die Schokolade und die Kirschen dazugeben und alles zügig zu einem Teig verrühren.

3. Eine Gugelhupf-Form mit Butter einfetten und mit Semmelbröseln bestäuben. Den Teig in die Form füllen, glatt streichen und im Backofen 45–50 Minuten backen.

4. Den Gugelhupf aus dem Ofen nehmen und 10–15 Minuten in der Form auskühlen lassen. Dann aus der Form lösen und auf einem Kuchengitter vollständig erkalten lassen.

5. Aus dem Puderzucker und dem Orangensaft in einer Schüssel einen glatten Guss anrühren. Den Guss über dem Kuchen verteilen und fest werden lassen.

Tipp

Wer möchte, kann den Gugelhupf mit Lebkuchenhäuschen, Tannenzweigen und Zimtstangen garnieren.

MAKRONEN-GUGELHUPF

DU BRAUCHST …

4 Eier, Größe M

1 Prise Meersalz

200 g weiche Butter

175 g Zucker

1 Päckchen Bourbon-Vanillezucker

50 ml Milch

225 g Dinkelmehl Type 630

1 Päckchen Backpulver

150 g gemahlene Mandeln

1 TL gemahlener Ceylon-Zimt

2 EL Kirschwasser

Butter für die Form

Semmelbrösel oder Paniermehl

ZUM GARNIEREN

2–3 EL Puderzucker

1 TL gemahlener Zimt

SO GEHT'S …

1. Den Backofen auf 180 °C Ober-/Unterhitze vorheizen. Von den Eiern 2 Eier beiseitelegen und die anderen beiden trennen. Die Eigelbe in einer Schüssel beiseitestellen. Das Eiweiß der beiden Eier mit dem Salz in eine Schüssel geben und mit dem Handrührgerät zu Eischnee schlagen.

2. Butter, Zucker und Vanillezucker in einer Schüssel mit dem Handrührgerät 5 Minuten aufschlagen. Anschließend die Eigelbe und die beiden ganzen Eier nach und nach unterrühren. Die Milch ebenfalls untermischen.

3. Das Mehl in einer Schüssel mit dem Backpulver vermengen und über die Eimasse sieben. Die Mandeln und den Zimt in einer Schüssel mischen und mit dem Kirschwasser unter den Eischnee heben.

4. Eine Gugelhupf-Form mit Butter einfetten und mit Semmelbröseln bestäuben. Zuerst den Mehlteig in die Form füllen. Darauf die Mandel-Eischnee-Mischung verteilen, glatt streichen und den Kuchen im Backofen 50–55 Minuten backen.

5. Den Kuchen aus dem Ofen nehmen und 10–15 Minuten in der Form auskühlen lassen. Dann aus Form lösen und vollständig erkalten lassen. In einer Schüssel Puderzucker mit Zimt vermischen und den Kuchen bestäuben.

Tipp

Anstatt der Mandeln kann man auch gemahlene Haselnüsse, Walnüsse oder Kokosraspel verwenden. Bei Kokosraspel sollte man aber das Kirschwasser durch Amaretto oder Bittermandelaroma ersetzen und den Zimt im Teig sowie bei der Garnitur weglassen.

MANDARINEN-GUGELHUPF

DU BRAUCHST ...

160 g weiche Butter

130 g Zucker

1 Päckchen Bourbon-Vanillezucker

4 Eier, Größe M

1 Bio-Mandarine

300 g Mandarinen

160 ml Mandarinensaft

320 g Dinkelmehl Typ 630

1 Päckchen Backpulver

1 Prise Meersalz

Butter für die Form

Semmelbrösel oder Paniermehl

ZUM GARNIEREN

geschälte Mandarinen

2 EL Puderzucker

SO GEHT'S ...

1. Den Backofen auf 180 °C Ober-/Unterhitze vorheizen. Butter, Zucker und Vanillezucker in einer Schüssel mit dem Handrührgerät 5 Minuten aufschlagen. Anschließend die Eier nach und nach unterrühren.

2. Die Bio-Mandarine waschen, abtrocknen und 1 TL Schale abreiben. Die Mandarinen schälen, in Spalten zerteilen und davon 300 g abwiegen. Mandarinensaft und -abrieb unter den Teig mischen.

3. Das Mehl in einer Schüssel mit dem Backpulver vermengen, über die Eimischung sieben und samt Salz und Mandarinenspalten rasch mit dem Teig verrühren.

4. Eine Gugelhupf-Form mit Butter einfetten und mit Semmelbröseln bestäuben. Den Teig in die Form füllen, glatt streichen und im Backofen 45–50 Minuten backen.

5. Den Kuchen aus dem Ofen nehmen und 10–15 Minuten in der Form abkühlen lassen. Dann aus der Form lösen und auf einem Kuchengitter vollständig erkalten lassen. Den Gugelhupf mit geschälten Mandarinen garnieren und mit Puderzucker bestäuben.

Tipp

Anstatt des Mandarinensaftes kann auch Orangensaft verwendet werden. Am besten schmeckt der Saft auf jeden Fall frisch gepresst. Wenn man keine frischen Mandarinen hat, eignen sich auch Mandarinen aus dem Glas.

ORANGEN-GUGELHUPF

DU BRAUCHST ...

1 Bio-Orange

200 g Orangen

175 g weiche Butter

150 g Zucker

1 Päckchen Bourbon-Vanillezucker

4 Eier, Größe M

3 EL Orangenlikör

150 ml frisch gepresster Orangensaft

300 g Dinkelmehl Type 630

1 Päckchen Backpulver

1 Prise Meersalz

Butter für die Form

Semmelbrösel oder Paniermehl

ZUM GARNIEREN

125 g Puderzucker

2–3 EL Orangensaft

Orangensterne (siehe Tipp)

Fondant-Schneeflocken

Zuckerdekor

SO GEHT'S ...

1. Den Backofen auf 180 °C Ober-/Unterhitze vorheizen. Die Bio-Orange waschen, abtrocknen und die Schale fein abreiben. Alle Orangen schälen, die Filets auslösen, 200 g davon abwiegen und klein schneiden (evtl. von Kernen befreien).

2. Butter, Zucker und Vanillezucker in einer Schüssel mit dem Handrührgerät 5 Minuten aufschlagen. Anschließend die Eier nach und nach unterrühren. Orangenlikör und Orangensaft dazugeben und untermischen. Das Mehl in einer Schüssel mit dem Backpulver vermengen, über die Eimischung sieben und mit den Orangen, dem Orangenabrieb und dem Salz rasch zu einem Teig verrühren.

3. Eine Gugelhupf-Form mit Butter einfetten und mit Semmelbröseln bestäuben. Den Teig in die Form füllen, glatt streichen und im Backofen 45–50 Minuten backen.

4. Den Kuchen aus dem Ofen nehmen und 10–15 Minuten in der Form abkühlen lassen. Dann aus der Form lösen und auf einem Kuchengitter vollständig erkalten lassen.

5. Aus dem Puderzucker und dem Orangensaft in einer Schüssel einen glatten Guss anrühren, diesen über dem Kuchen verteilen und fest werden lassen. Gugelhupf mit Orangensternen, Fondant-Schneeflocken und Zuckerdekor garnieren.

Tipp

Eine schöne Garnierung erhält man, wenn man mit einem kleinen Sternausstecher Sterne aus der übrig gebliebener Orangenschale aussticht.

SCHWEDISCHER SAFRAN-GUGELHUPF

DU BRAUCHST …

150 ml Milch

½ Döschen Safranfäden (ca. 0,05 g)

200 g weiche Butter

150 g Zucker

1 Päckchen Bourbon-Vanillezucker

3 Eier, Größe M

2 EL brauner Rum oder 4 Tropfen Rumaroma

240 g Dinkelmehl Type 630

1 Päckchen Backpulver

1 Prise Meersalz

Butter für die Form

Semmelbrösel oder Paniermehl

FÜR DEN GUSS

150 g weiße Kuvertüre

SO GEHT'S …

1. Den Backofen auf 180 °C Ober-/Unterhitze vorheizen. Die Milch in einem kleinen Topf erwärmen, Safranfäden darin einlegen und auf Zimmertemperatur abkühlen lassen.

2. Butter, Zucker und Vanillezucker in einer Schüssel mit dem Handrührgerät 5 Minuten aufschlagen. Anschließend die Eier nach und nach unterrühren. Die Safranmilch und den Rum ebenfalls untermischen. Das Mehl in einer Schüssel mit dem Backpulver vermengen, über die Eimasse sieben und das Salz hinzufügen. Alles zügig zu einem Teig verrühren.

3. Eine Gugelhupf-Form mit Butter einfetten und mit Semmelbröseln bestäuben. Den Teig in die Form füllen, glatt streichen und im Backofen 45–50 Minuten backen.

4. Den Gugelhupf aus dem Ofen nehmen und 10–15 Minuten in der Form auskühlen lassen. Dann aus der Form lösen und auf einem Kuchengitter vollständig erkalten lassen.

5. Die Kuvertüre grob zerkleinern und in einer Schüssel im heißen Wasserbad schmelzen. Den Schokoguss über den Kuchen gießen und fest werden lassen.

Tipps:

Anstatt der Milch kann man auch Kokos- oder Mandeldrink verwenden. Safranfäden immer vorsichtig dosieren, da der Geschmack von echtem Safran sehr intensiv ist.

SPEKULATIUS-BIRNEN-GUGELHUPF

DU BRAUCHST ...

1 kleine Birne (ca. 120 g)

50 g Spekulatius

230 g weiche Butter

150 g Zucker

1 Päckchen Bourbon-Vanillezucker

4 Eier, Größe M

50 ml Buttermilch

1 Bio-Orange

230 g Dinkelmehl Type 630

1 Päckchen Backpulver

2 TL Spekulatiusgewürz

100 g gemahlene Mandeln

1 Prise Meersalz

Butter für die Form

Semmelbrösel oder Paniermehl

ZUM GARNIEREN

125 g Puderzucker

2–3 EL Orangensaft oder Milch

2 EL grob gehackte oder gehobelte Mandeln

SO GEHT'S ...

1. Den Backofen auf 180 °C Ober-/Unterhitze vorheizen. Die Birne schälen, vom Kerngehäuse befreien und in kleine Stücke schneiden. Die Spekulatius in mittelgroße Stücke brechen.

2. Butter, Zucker und Vanillezucker in einer Schüssel mit dem Handrührgerät 5 Minuten aufschlagen. Anschließend die Eier nach und nach unterrühren. Die Buttermilch ebenfalls untermischen. Die Orange waschen, abtrocknen und 1 TL Schale abreiben.

3. Das Mehl in einer Schüssel mit dem Backpulver und dem Spekulatiusgewürz vermengen, über die Eimasse sieben, die Mandeln, den Orangenabrieb, die Birne, die Spekulatiusstücke und das Salz hinzufügen und alles zügig in den Teig einarbeiten.

4. Eine Gugelhupf-Form mit Butter einfetten und mit Semmelbröseln bestäuben. Den Teig in die Form füllen, glatt streichen und im Backofen 45–50 Minuten backen.

5. Den Gugelhupf aus dem Ofen nehmen und 10–15 Minuten in der Form auskühlen lassen. Dann aus der Form lösen und auf einem Kuchengitter vollständig erkalten lassen.

6. Für den Guss den Puderzucker in einer Schüssel mit dem Saft bzw. der Milch verrühren. Den Guss über dem Kuchen verteilen, mit Mandeln bestreuen und fest werden lassen.

Tipp

Anstelle der Birne passt auch Apfel sehr gut.

TONKA-WINTERBEEREN-GUGELHUPF

DU BRAUCHST …

200 ml Sahne

4 Eier, Größe M

125 g Zucker

1 Päckchen Bourbon-Vanillezucker

1 Bio-Orange

200 g Dinkelmehl Type 630

1 Päckchen Backpulver

1 TL gemahlener Zimt

½ geriebene Tonkabohne

½ TL gemahlener Kardamom

200 g gemahlene Haselnüsse

1 Prise Meersalz

Butter für die Form

Semmelbrösel oder Paniermehl

ZUM GARNIEREN

125 g Puderzucker

2–3 EL Cranberry-Saft oder ein anderer Beerensaft

150 g gefrorene und frische Beeren gemischt

Salbeiblätter

SO GEHT'S …

1. Den Backofen auf 180 °C Ober-/Unterhitze vorheizen. Die Sahne in einer Schüssel mit dem Handrührgerät steif schlagen. Eier, Zucker und Vanillezucker in einer Schüssel mit dem Handrührgerät in ca. 5 Minuten sehr cremig schlagen. Die Sahne unterheben. Die Orange waschen, abtrocknen und 1 TL Schale fein abreiben.

2. Das Mehl in einer Schüssel mit dem Backpulver und den Gewürzen vermengen, über die Ei-Sahne-Mischung sieben und gemeinsam mit den gemahlenen Nüssen, dem Salz und dem Orangenabrieb zügig in den Teig einarbeiten.

3. Eine Gugelhupf-Form mit Butter einfetten und mit Semmelbröseln bestäuben. Den Teig in die Form füllen, glatt streichen und im Backofen 45–50 Minuten backen.

4. Den Gugelhupf aus dem Ofen nehmen und 10–15 Minuten in der Form auskühlen lassen. Dann aus der Form lösen und erkalten lassen.

5. Den Puderzucker und den Saft in einer Schüssel zu einem glatten Guss verrühren. Diesen über dem Kuchen verteilen und fest werden lassen. Gugelhupf mit Beeren und Salbeiblättern garnieren.

Tipps

Wer mag, kann noch zusätzlich 100 g Beeren unter den Teig heben. Statt der Nüsse kann man gemahlene Mandeln verwenden.

Hinweis

Dieser Gugelhupf wird komplett ohne Butter (außer zum Fetten der Backform) gebacken. Die Sahne ersetzt die Butter.

ZIMTROLLEN-GUGELHUPF

DU BRAUCHST ...

300 ml Milch

120 g Butter

500 g Mehl plus mehr für die Arbeitsfläche

21 g frische Hefe (½ Hefewürfel)

80 g Zucker

1 Päckchen Bourbon-Vanillezucker

2 Eier, Größe M

1 Prise Meersalz

1 TL gemahlener Zimt

FÜR DIE FÜLLUNG

2 Eiweiß

50 g brauner Zucker

1 ½ EL gemahlener Ceylon-Zimt

1 gestrichener TL gemahlener Kardamom

100 g gemahlene Mandeln

ZUM GARNIEREN

125 g Puderzucker

1 TL gemahlener Zimt

2–3 EL Milch

1–2 EL ganze Mandeln

SO GEHT'S ...

1. Milch in einem Topf lauwarm erwärmen. Butter in einem Topf schmelzen und etwas abkühlen lassen. Für den Vorteig 150 g Mehl abwiegen. Zusammen mit der Hefe, 1 EL vom Zucker und 150 ml von der lauwarmen Milch in einer Schüssel verrühren und ca. 30 Minuten an einem warmen Ort zugedeckt gehen lassen.

2. Das restliche Mehl, den restlichen Zucker, den Vanillezucker, die Eier, die Butter, das Salz, den Zimt und die restliche lauwarme Milch zum Vorteig geben und alles gut mit dem Handrührgerät verkneten. Sollte der Teig zu klebrig sein, noch etwas Mehl hinzufügen. Den Teig nochmals mindestens 30 Minuten zugedeckt an einem warmen Ort gehen lassen. Den Teig auf einer bemehlten Arbeitsfläche kurz durchkneten und mit einem Teigroller zu einem Rechteck ausrollen.

3. Für die Füllung die Eiweiße in einer Schüssel steif schlagen und mit dem Zucker, dem Zimt, dem Kardamom und den Mandeln verrühren. Die Masse auf dem Teig-Rechteck verteilen und glatt streichen. Den Teig von der längeren Seite her aufrollen.

4. Eine Gugelhupf-Form mit Butter einfetten und mit Semmelbröseln bestäuben. Den Teig in die Form legen, diese mit einem Küchentuch bedecken und den Teig noch einmal 30 Minuten gehen lassen. Währenddessen den Backofen auf 180 °C Ober-/Unterhitze vorheizen. Den Kuchen im Backofen ca. 40 Minuten backen.

5. Den Gugelhupf aus dem Ofen nehmen und 10–15 Minuten in der Form auskühlen lassen. Dann aus der Form lösen und auf einem Kuchengitter vollständig erkalten lassen. Für den Guss Puderzucker und Zimt in einer Schüssel mischen und mit der Milch zu einer glatten Masse verrühren. Den Guss auf dem Kuchen verteilen, fest werden lassen und mit Mandeln belegen.

REGISTER

IMPRESSUM

Klenzestraße 36
80469 München
buch@callwey.de
Tel.: +49 89 8905080-0
www.callwey.de

Wir sehen uns auf Instagram:
www.instagram.com/callwey

ISBN 978-3-7667-2523-3
2. Auflage 2021

Bibliografische Information der Deutschen Nationalbibliothek
Die Deutsche Nationalbibliothek verzeichnet diese Publikation in der Deutschen Nationalbibliografie; detaillierte bibliografische Daten sind im Internet über <http://dnb.d-nb.de> abrufbar.

Die Autorin
Yvonne Bauer ist erfolgreiche Autorin und passionierte Bäckerin, die mit ihren Rezepten und Bildern ihre Leserschaft verzaubert. Sowohl beim Backen als auch beim Dekorieren und Gestalten sind ihrer Kreativität keine Grenzen gesetzt, sodass sie uns sicher mit dem Gugelhupf durch das Jahr bringen wird. Beim Callwey Verlag sind in Zusammenarbeit mit Yvonne Bauer alias Fräulein Klein bereits mehrere Titel erschienen.

Dieses Buch wurde in CALLWEY-QUALITÄT für Sie hergestellt:
Beim Inhaltspapier haben wir uns für ein Magno Satin in 150 g/m^2 entschieden – ein Bilderdruckpapier, dessen gestrichene, seidenmatte Oberfläche dem Inhalt einen edlen und hochwertigen Charakter gibt. Die Hardcover-Gestaltung besteht aus bedrucktem Bilderdruckpapier und wurde mit einem partiellen UV Lack veredelt. Dieses Buch wurde in Deutschland gedruckt und gebunden bei der Optimal Media GmbH, Röbel/Müritz.

Viel Freude mit diesem Buch wünschen Ihnen:
Projektleitung: Amber Holland-Cunz
Lektorat: Caroline Kazianka, München
Schlusskorrektur: Gabriele Hoffmann
Gestaltung & Satz: Sina Chakoh
Fotos: Yvonne Bauer
Herstellung:
Dominique Scherzer
Oliver Meier

CALLWEY
MIT LIEBE UND SORGFALT BEGLEITET VON
A. Holland-Cunz
SEIT 1884

CALLWEY
& NEUHEITEN
BESTSELLER

© Volker Debus

Ludwig Maurer

FLEISCH-CODEX

288 Seiten, gebunden
€ 39,95
ISBN 978-3-7667-2546-2

Wertschätzung und Respekt vor dem Tier – Ludwig Maurer bleibt sich diesem Grundsatz bei seiner ganzheitlichen Verwertung von Rind, Geflügel, Wild & Co. treu. Durch beeindruckende Bildstrecken und emotionale Geschichten kommen wir dem Autor in diesem Werk so nahe wie nie zuvor: außerordentliches Fachwissen über Tierhaltung, Cuts und Zubereitungsmethoden, authentische Einblicke in seine Philosophie, Arbeit und seinen persönlicher Werdegang werden gekrönt durch vielfältige (Familien)rezepte und besondere Köstlichkeiten. Das Standardwerk für wahre Liebhaber lässt keine Fragen offen!

Das originale JÄGERMEISTER-Buch

Anja Delastik

JÄGERMEISTER

256 Seiten, gebunden
€ 39,95
ISBN 978-3-7667-2480-9

Wir erzählen die Geschichte der globalen Kräuterlikörmarke Jägermeister und geben spannende Einblicke hinter die Kulissen des weltbekannten Familienunternehmens. Außerdem erfahren wir von Persönlichkeiten wie Paul Breitner oder Dizzy Reed von Guns N' Roses, wie sie die legendärsten Nächte ihres Lebens verbracht haben. Auf charmante Weise präsentiert das Buch eine unvergleichliche Sammlung von Geschichten rund um das Lieblingsgetränk. Darüber hinaus wird die Leserschaft mit kreativen Drinks, Festivalstorys und Einblicken in die internationale Jägermeister-Welt überrascht. Lesespaß und exklusive Hintergrundgeschichten garantiert!

Konstanze Neubauer

100 TRAUMGÄRTEN

224 Seiten, ca. 300 Farbfotos, gebunden
€ 45,00
ISBN 978-3-7667-2460-1

In der umfangreichen Sammlung finden sich die 100 schönsten Privatgärten der letzten Jahrbücher Gärten des Jahres wieder. Traumhafte Gartenimpressionen und Informationen zur Realisierung eines Gartenprojekts bieten Inspiration pur, ausgewählte Tipps und Ideen der Autorin runden das Werk ab.

Anja Birne, Marion Nickig

DAS GROSSE BUCH DER GÄRTNERINNEN & GÄRTNER

256 Seiten, ca. 300 Farbfotos, gebunden
€ 39,95
ISBN 978-3-7667-2526-4

Hier stehen Gärtnereien im Mittelpunkt! Pflanzenvielfalt, Qualität, Naturschutz und der Sinn für die Schönheit in historischen und modernen Gärten wird hier groß geschrieben.
Das gesammelte Gartenwissen wird ergänzt mit den schönsten Gartenmärkten, Bezugsquellen für Saatgut und Blumenzwiebeln, hochwertiges Gartenzubehör, Gartenschulen u.v.m.

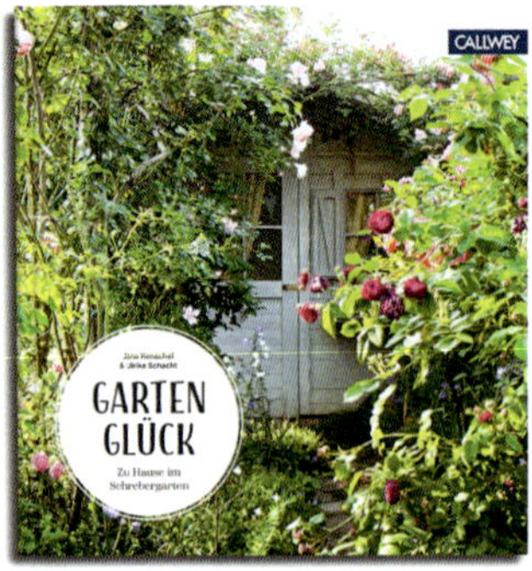

Jana Henschel, Ulrike Schacht

GARTENGLÜCK

160 Seiten, ca. 200 Farbfotos, gebunden
€ 20,00
ISBN 978-3-7667-2524-0

Hinter diesen Gartenzäunen und Hecken tun sich wahrhaftige Paradiese auf: Zucchini, Staudenbeete, Kräuterbeete und Wildblumenwiesen in ihrer schönsten Form.
Wie einladend und prächtig ein Schrebergarten gestaltet werden kann, geben uns die portraitierten Frauen gerne weiter.

Wolfgang Bachmann, Katharina Matzig

100 TRAUMHÄUSER

224 Seiten, ca. 300 Farbfotos und Pläne, gebunden
€ 39,95
ISBN 978-3-7667-2494-6

Die 100 schönsten Einfamilienhäuser aus den vergangenen Häuser des Jahres-Jahrgängen sind hier versammelt. Und so unterschiedlich sie auch alle sein mögen, eines haben sie gemeinsam: sie wurden von den besten Architekten entworfen und zeugen von einer herausragenden Einfamilienhaus-Architektur.

Udo Wachtveitl, Katharina Matzig

HÄUSER DES JAHRES 2021

320 Seiten, gebunden
€ 59,95
ISBN 978-3-7667-2530-1

Das unverzichtbare Jahrbuch für Architekten & Bauherren! Der Wettbewerb HÄUSER DES JAHRES wird seit 2011 vom Deutschen Architekturmuseum und Callwey ausgelobt und prämiert die besten Projekte im deutschsprachigen Raum. Eine Fachjury wählt 50 herausragende Häuser und zahlreiche innovative Produktlösungen von der Außenwand bis zum Badezimmer aus. Im Buch finden sich ausführliche Häuserporträts mit Plänen und Infos über die verbauten Materialien und Produkte sowie die beteiligten Unternehmen.

© Kerstin Ordelt

Bella ITALIA!

Die Welt Italiens mit all ihren Gerüchen, Geschmäckern und Facetten – Mamma Mia! Ob Pasta, Risotto, oder Meeresfrüchte, wir haben uns schon längst in die kulinarischen Möglichkeiten dieses europäischen Landes verliebt.
Und unsere Callwey-Titel sind mit ebenso viel Herzblut entstanden, wie eine italienische Nonna die Gerichte für ihre Familie kocht. Haptisch veredelt, sind sie wahre Schätze und laden ein, die italienische Landesküche zu entdecken und nachzukochen.

Riso Gallo (Hrsg.)

RISOTTO TI AMO!

240 Seiten, gebunden

€ 45,00

ISBN 978-3-7667-2410-6

Judith Marnet

PASTA TI AMO!

240 Seiten, gebunden

€ 39,95

ISBN 978-3-7667-2443-4

Accademia Italiana della Cucina (Hrsg.)

LA CUCINA

960 Seiten, gebunden

€ 45,00

ISBN 978-3-7667-2036-8

Vincenzo Buonassisi

DER PASTA-CODEX

704 Seiten, gebunden

€ 39,95

ISBN 978-3-7667-2529-5

Cihan Anadologlu

BAR BIBEL

240 Seiten, gebunden
€ 45,00
ISBN 978-3-7667-2280-5

Das Must-Have für Kenner und Genießer von Cocktails, Longdrinks und Co!
Cihan Anadologlu, einer der besten Bartender und Barbesitzer der Welt, entführt uns mit 200 Cocktailklassikern und 50 Eigenkreationen in die Welt der Bar. Darüber hinaus liefert er alles Wissenswerte rund um Säfte, Sirups und Espumas und widmet sich dem spannenden Thema des Food- und Cocktailpairing.

© Daniel Esswein

© Daniel Esswein

© Daniel Esswein

Cihan Anadologlu

CLASSIC COCKTAILS

208 Seiten, gebunden
€ 20,00
ISBN 978-3-7667-2496-0

Cihan Anadologlu präsentiert in diesem Buch über 200 Rezepte, die für Bar Profis zum Einmaleins gehören und auch zuhause garantiert gelingen. Neben Berühmtheiten wie Bloody Mary oder dem erfrischenden Gin & Tonic erhalten Sie einen umfangreichen Überblick über die Cocktail-Klassiker. Dem Gin wird darüber hinaus ein umfangreiches Kapitel gewidmet. Mit vielen praktischen Hinweisen zu Ausstattung und den wichtigsten Techniken an der Bar.

Norbert Körzdörfer

DER MODERNE GENTLEMAN'S GUIDE

256 Seiten, gebunden
€ 39,95
ISBN 978-3-7667-2482-3

Dieser Guide ist kein Guide, sondern eine echte Inspiration und Orientierung für den modernen Mann. Welche Verhaltensregeln gilt es zu beachten? Welche Umgangsformen gelten heute? Und wie viele paar Schuhe braucht ein Gentleman eigentlich im Schrank? Eindrucksvoll bebildert und beschrieben, führt Autor Norbert Körzdörfer den Gentleman von heute durch alle Lebensbereiche und gibt ihm die Infos und Tipps an die Hand, die ihn sicher und mit viel Stil hindurch führen.

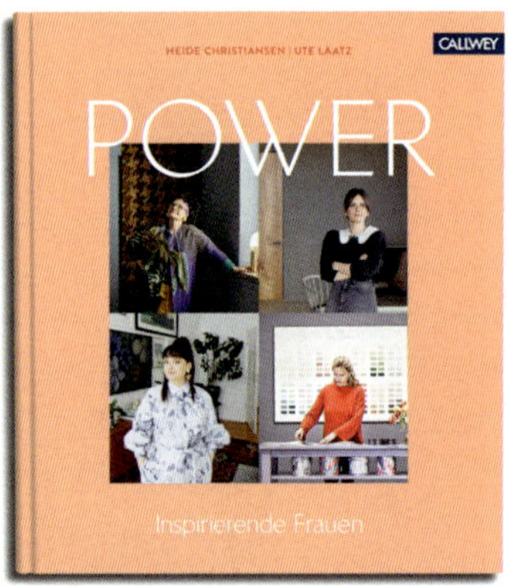

Heide Christiansen, Ute Laatz

POWER

240 Seiten, gebunden
€ 39,95
ISBN 978-3-7667-2544-8

Der Traum von der Selbstverwirklichung im Arbeitsleben: diese 21 inspirierenden Frauen leben ihn und zeigen, welche Rolle ihre stilvolle Atmosphäre dabei spielt. Ob im Homeoffice, in der Agentur oder im Atelier – mit viel Leidenschaft haben sie sich eine Arbeitsumgebung geschaffen, die ihrer Kreativität Raum gibt, die Konzentration fördert und zum Wohlfühlen einlädt. Dieses Buch gewährt authentische Einblicke in das Leben spannender Frauen und ihren Werdegang.

Jennifer Dixon, Thomas Niederste-Werbeck, Marianne von Waldenfels

VOM GLÜCK, MIT HUNDEN ZU LEBEN

224 Seiten, gebunden
€ 39,95
ISBN 978-3-7667-2491-5

In diesem Buch gewähren leidenschaftliche Hundebesitzer wie Journalistin Heike Winnemuth, Schauspielerin Sanna Englund oder Designer Johnny Talbot Einblicke in ihr Zuhause und das Leben mit dem vierbeinigen Freund. Zusätzlich finden sich hilfreiche Tipps, angefangen vom besten Hundefutter bis hin zu Reisetipps für den Urlaub mit Hund.

© Mark Nolan

Tina Schneider-Rading

CHARMANTE CHALETS

208 Seiten, gebunden
€ 59,95
ISBN 978-3-7667-2553-0

Mit beeindruckenden Bildstrecken präsentiert dieses Buch die schönsten Refugien der alpinen Bergwelt mit atemberaubenden Ausblicken auf verschneite Landschaften. Ob rustikal und traditionell oder schlicht und elegant – auf imposante und individuelle Weise versprühen die Projekte den einzigartigen Charme von Natürlichkeit, Geborgenheit und herausragendem Design.

Wohnen & Garten (Hrsg.)

WINTERZAUBER & WEIHNACHTSZEIT

160 Seiten, gebunden
€ 29,95
ISBN 978-3-7667-2495-3

Jedes Jahr zur Weihnachtszeit legt sich wieder ein ganz besonderer Zauber auf uns nieder. Das Buch liefert jede Menge Ideen für diese schöne Zeit des Jahres. Dabei darf Tannengrün und Zimt nicht fehlen. Neben Inspirationen zu Dekoration und Wohnen können wir mit kreativen Rezepten zu weihnachtlichen Getränken, Plätzchen und Gerichten die Zeit füllen.

Da ist für jeden Geschmack etwas dabei! Ob süß oder herzhaft, ob Hauptspeise oder Dessert, mit oder ohne Fleisch, rund oder eckig, heiß oder kalt – die Vielfalt unserer beliebten Reihe ist schier grenzenlos. Zum Sammeln oder zum Verschenken finden sich in jedem der Bände verführerische Rezepte, ansprechende Food-Fotografie und Inspiration!

Je 20,00 €, gebunden

Yvonne Bauer

GUGELHUPF

ISBN 978-3-7667-2523-3

Barbara Bonisolli

VEGETARISCH

ISBN 978-3-7667-2486-1

Dunja Gulin

HUMMUS

ISBN 978-3-7667-2380-2

Annelina Waller

BUDDHA BOWLS

ISBN 978-3-7667-2266-9

Hannah Schmitz

DAS MAMA-KOCHBUCH

ISBN 978-3-7667-2497-7

Judith Marnet

PIZZA

ISBN 978-3-7667-2547-9

BANANENBROT

ISBN 978-3-7667-2511-0

Ute Laatz, Guido Heinz Frinken

BEST OF INTERIOR 2021

320 Seiten, gebunden
€ 59,95
ISBN 978-3-7667-2532-5

Als wichtigster Wohndesign-Award für Innenarchitekten und Interior-Designer erscheint auch in diesem Jahr das neue Jahrbuch BEST OF INTERIOR. Aus vielfältigen und herausragenden Projekten hat eine hochkarätige Jury die besten 50 privaten Einrichtungskonzepte ausgewählt. Autorin Ute Laatz porträtiert die ausgezeichneten Konzepte ausführlich und stellt Ideen, Inspirationen und nicht zuletzt die Köpfe hinter den innovativen Umsetzungen und Produkten vor. Inspiration pur!

Ute Laatz

DAS GROSSE CALLWEY WOHNBUCH

208 Seiten, ca. 250 Farbfotos, gebunden
€ 39,95
ISBN 978-3-7667-2492-2

Wie setze ich Farben und Beleuchtung richtig ein? Wie bewege ich mich in meiner Küche? Welche Tischplatte passt zu einer Großfamilie?
Die Interior-Expertin Ute Laatz zeigt, wie sich ein Gesamtkonzept entwickeln lässt und führt durch verschiedene Stile, Trends und Zukunftsaussichten rund um das Thema Wohnen.

Igor Josifovic, Judith de Graaff

URBAN JUNGLE

176 Seiten, gebunden mit Schutzumschlag
€ 35,00
ISBN 978-3-7667-2220-1

Urban Jungle ist Inspiration, Ideensammlung und Handbuch in einem, für alle, die mehr Pflanzen in ihr Zuhause bringen wollen. Das Buch führt durch verschiedene „grüne" Wohnungen in fünf Ländern und zeigt, wie schön, einzigartig, kreativ und bisweilen sogar künstlerisch es sich mit Pflanzen leben lässt.

Konstanze Neubauer, Hanne Roth

GÄRTEN DES JAHRES 2021

320 Seiten, gebunden
€ 59,95
ISBN 978-3-7667-2507-3

Einen einzigartigen Überblick über die schönsten Privatgärten der besten Gartenplaner im deutschsprachigen Raum bietet die Dokumentation zum Wettbewerb GÄRTEN DES JAHRES 2021. Anhand inspirierender Farbabbildungen und aussagekräftiger Gartenpläne werden die Gärten vorgestellt. Detaillierte Angaben zu Besonderheiten des Grundstücks, des Konzepts, der verwendeten Materialien und der Auswahl der Pflanzen runden die 50 Gartenportäts ab. Ein unverzichtbares Werk für alle Gartenplaner und Gartenbesitzer!

Anja Birne, Elke Borkowski

ROMANTISCHE GARTENREISEN IN DEN NIEDERLANDEN & BELGIEN

192 Seiten, gebunden
€ 39,95
ISBN 978-3-7667-2395-6

Mit ihrer jahrhundertealten Tulpentradition sind die Niederlande eine der großen Gartennationen Europas. Bestsellerautorin Anja Birne präsentiert in diesem Buch die schönsten Gärten in den Niederlanden und in Belgien, die jeder Gartenfan gesehen haben sollte. Porträts besonderer Persönlichkeiten, Einblicke in die junge begeisternde Gartenszene sowie ein umfassender Serviceteil machen das Buch unverzichtbar für alle Gartenreisefans. 30 beliebte Rezepte aus der Region runden das Werk ab.

Anja Birne

DIE SCHÖNSTEN GARTENREISEN IN ENGLAND

288 Seiten, gebunden
€ 39,95
ISBN 978-3-7667-2509-7

Englands Gärten sind romantisch, vielfältig und inspirierend. Anja Birne hat das Beste aus den beiden erfolgreichen Vorgängertiteln zusammengestellt: in 12 großen Touren mit insgesamt 60 traumhaften Gärten führt die Reise durch die südenglischen Grafschaften von Kent bis Cornwall sowie die nördlichen Regionen von London über Yorkshire bis Lake District. Mit Reisetipps und den schönsten Rezepten zum traditionellen Afternoon Tea!

Hubertus Tzschirner, Nicolas Lecloux, Dr. Thomas Vilgis, Nils Jorra, Florian Knecht, Daniel Esswein

BURGER UNSER

288 Seiten, gebunden
€ 45,00
ISBN 978-3-7667-2201-0

Burger-Liebhaber kommen hier gänzlich auf ihre Kosten. Ein Theorieteil liefert Hintergründe und Rezepte zu den Themen Fleischauswahl, Pattyblends und knackige Beilagen sowie mehr als 50 Saucen und perfekte selbst gebackene Buns. Im zweiten Teil finden sich nicht nur opulente Beefburger, sondern auch vegane und süße Kreationen, sodass keine Wünsche offen bleiben! Ob Burger-Novize oder -professional – Burger Unser verspricht den Eintritt ins Burger-Paradies!

Kulinarische KÖSTLICHKEITEN

Cihan Anadologlu

EINMAL MIT ALLES

192 Seiten, gebunden
€ 39,95
ISBN 978-3-7667-2450-2

„Einmal mit Alles!", hört man regelmäßig an deutschen Straßenecken. Das beliebte türkische Gericht wird gern am Imbissstand gekauft – und nun auch selbst zu Hause zubereitet! Cihan Anadologlu lüftet das Geheimnis und zeigt im ersten Kochbuch zum Thema 50 Rezepte für die heimische Küche. Dazu serviert wird Wissenswertes zur Geschichte bzw. Herkunft des Döners. Guten Appetit!

Franziska Gräfin Fugger von Babenhausen, Mauro Bergonzoli

MAGIC FOOD

208 Seiten, gebunden
€ 39,95
ISBN 978-3-7667-2551-6

Eine radikale Ernährungsumstellung rettete dem italienischen Neo Pop Künstler Mauro Bergonzoli nach einem Herzinfarkt das Leben. Der Künstler und seine Lebenspartnerin Franziska Gräfin Fugger v. Babenhausen verzichten nun seit einigen Jahren komplett auf tierische Produkte, Zucker und Gluten. In Magic Food werden die eigens entworfenen veganen Rezepte vorgestellt, die die ganze Familie begeistern und Körper, Herz und Seele verwöhnen. Mit besonderem Blick auf die Power-Zutaten!

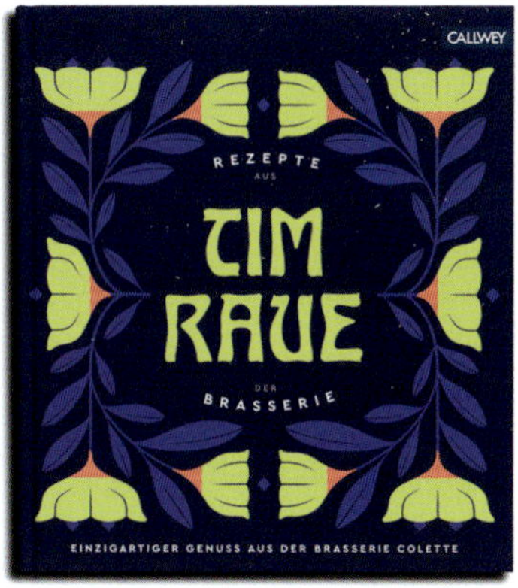

Tim Raue

TIM RAUE – REZEPTE AUS DER BRASSERIE

208 Seiten, gebunden
€ 45,00
ISBN 978-3-7667-2472-4

Tim Raue lässt uns hinter die Fassaden der französischen Küche blicken. Ob Steak Frites, Ratatouille, Tarte Tatin oder die klassischen Madeleines – die Rezepte sprechen für sich! Tim Raue ergänzt die Rezeptsammlung mit Wissenswertem zur Entwicklung der klassischen Küche der Bistros und Brasserien und spricht über seine Inspiration.

Éva Bezzegh

NUR SALAT.

320 Seiten, gebunden
€ 39,95
ISBN 978-3-7667-2442-7

Da haben wir den Salat! Dieses Kochbuch ist der optimale Begleiter für eine ausgewogene und gesunde Ernährung. Die Autorin präsentiert in knapp 100 Salatrezepten für jeden Monat passende Grundzutaten, welche dann raffiniert kombiniert werden. Dabei steht der Genuss an erster Stelle. Und das Wichtigste: Salat muss nicht immer nur grün sein!

Martin H. Lorenz

NUR SUPPE.

256 Seiten, gebunden
€ 39,95
ISBN 978-3-7667-2545-5

Willkommen im Suppenglück. Nicht nur die kalte Jahreszeit ruft nach wohltuender Wärme – Suppen sorgen das ganze Jahr über für sinnliches Wohlgefühl. Die raffinierten Rezepte stammen von den besten Köchen der ganzen Welt: Vincent Klink, Dieter Müller, Rudi Obauer, Tim Raue, Harald Wohlfahrt u.v.m. Neben den Rezepten lernt man die Suppenkultur ihres jeweiligen Landes kennen. Mit Saisonkalender!